Serie Vida Cristiana

Cerca de Jesús

Acércate a la cruz
y serás cambiado para siempre

Jorge Lozano

CATEGORÍA: Vida Cristiana/Inspiración

Impreso en los Estados Unidos de América

ISBN-13: 9781635015690
EISBN: 9781635015706

ÍNDICE

Nueva Criatura

Daniel está realmente inspirado en la presencia del Señor, y comienza a profetizar. El capítulo 2 de Daniel versículo 20 dice:

"Y Daniel habló y dijo: Sea bendito el nombre de Dios de siglos en siglos, porque suyos son el poder y la sabiduría". Daniel 2:20

Ahora lo que viene a continuación es algo extraordinario y me da mucho ánimo:

"El muda los tiempos y las edades; quita reyes, y pone reyes; da la sabiduría a los sabios, y la ciencia a los entendidos". Daniel 2:21

En esta tierra hay tiempos fáciles pero también tiempos difíciles, hay tiempos de tormenta, hay tiempo de bonanza, hay tiempo de persecución y tiempos de libertad. Si tú te das cuenta, toda la historia está constituida por diferentes dispensaciones. Dios obra a través de dispensaciones. Esta es la manera en la cual Dios actúa con la humanidad. Y si Él puede cambiar los tiempos, las dispensaciones, las edades, dime tú si no podrá cambiarte a ti o a mí.

El pasaje continúa de la siguiente manera:

"El revela lo profundo y lo escondido; conoce lo que está en tinieblas, y con él mora la luz". Daniel 2:22

Tengo buenas noticias para ti: Luego de leer este capítulo saldrás totalmente transformado y serás una persona diferente. Has empezado a leer esta sección de una forma, y yo espero que al terminar de leer seas una persona totalmente diferente. Porque Él puede. Si Él puede mudar tiempos y estaciones, si Él puede mudar las dispensaciones, los tiempos y las edades, ¿cuánto más no me va podrá cambiar a mí?

Levanta tu voz donde quiera que estés leyendo esto y di fuerte "me rehúso a seguir igual".

Déjame decirte algo: si no hemos cambiado tú y yo, estamos simplemente perdiendo el tiempo. Si no hay un cambio rotundo en mi vida cada vez que voy al Templo del Dios vivo y le alabo, si no se ha producido un cambio total al morar en Su presencia y oír Su palabra, Dios perdió su tiempo, yo perdí mi tiempo, tú perdiste el tiempo, los músicos y todo el mundo perdimos el tiempo.

Hay gente que le gusta su viejo hombre. Son personas a las cuales les gusta vivir así. Yo espero que ni tú ni yo seamos de esos que les gusta ser como son, porque realmente necesitamos cambiar. Fíjate lo que dice 1 Pedro 4 versículos 3 al 5:

"Baste ya el tiempo pasado para haber hecho lo que agrada a los gentiles, andando en lascivias, concupiscencias, embriagueces, orgías, disipación y abominables idolatrías. A éstos les parece cosa extraña que vosotros no corráis con ellos en el mismo desenfreno de disolución, y os ultrajan; pero ellos darán cuenta al que está preparado para juzgar a los vivos y a los muertos".

Yo necesito más unción. ¿Y tú? Yo necesito más poder de Dios, yo necesito ver milagros, yo necesito ver señales y maravillas. Si tú eres de esos que necesitan más de Dios, entonces el día de hoy tienes el libro correcto en tus manos.

Ahora bien, si tú crees que vas a la iglesia para llevar a cabo unos cuantos ejercicios religiosos, estás equivocado y estás en el lugar totalmente equivocado. Yo le pido a Dios que cuando termines este capítulo puedas salir del lugar donde lo has leído orando diferente, viendo la vida totalmente diferente y hablando diferente. ¿Estás dispuesto? ¿No tienes ganas de que eso suceda en tu vida? ¡Yo sí!

Dice en el libro de Daniel que Él muda los tiempos y

las edades. Eso me quiere decir a mí que a Dios le sobra poder para cambiarme. Así que grítale: "Señor, cámbiame".

Yo sé que no te conozco ni sé quién eres, pero siento que viene un rompimiento a tu vida, viene un cambio, viene una trasformación que afectará tu vida entera.

Esto que voy a escribir te va a resultar muy extraño, pero te voy a pedir que me hagas el favor de ver para atrás. Date la vuelta o gira tu cabeza y mira hacia atrás. ¿Listo? Muy bien, ahora mira para adelante. Levanta la voz y di: "Es la última vez que veo para atrás. Nunca más voy a ver el pasado, nunca más voy a ver las tonteras que hice o las tonteras que me hicieron, nunca jamás voy a volver a ver para atrás. A partir de hoy voy a ver para adelante. Porque atrás hay derrotas, desilusiones, amarguras, resentimientos, rencores y heridas. Porque atrás hay muchas cosas que me hicieron y que hice, hay debilidades, tristezas, dolores y pecados. Dios quiere mudar absolutamente todo en mi vida el día de hoy. Y yo lo creo".

Dios está muy interesado en tu mente, está interesado en tu cuerpo, está interesado en tu alma, está interesado en tu espíritu y en todo tu ser. Por eso la Biblia dice lo siguiente:

"Todo vuestro ser, espíritu, alma y cuerpo sean guardados irreprensibles para la venida del Señor Jesucristo". 1

Tesalonicenses 5:23

Todo lo que nos rodea tiene que cambiar. Cuando yo cambio todo tiene que cambiar. Si fueras a tu iglesia y pudieras leer la vida de cada persona que está allí, te darías cuenta que para todo aquel que tuvo un encuentro personal con Dios el cambio en su vida fue inevitable. Si yo no he cambiado quiere decir que yo no he estado en la Presencia de Dios. Es inevitable.

Mi cambio es inevitable cuando estoy en la Presencia de Dios. Nadie puede seguir igual. Una vez que tú pruebas su presencia, una vez que tú estás en su presencia, una vez que Él desciende y te toca, una vez que Él se hace real a tu vida, el cambio es inevitable.

Y no solamente es inevitable el cambio, sino que es irreversible. ¿Qué quiere decir irreversible? Significa que ya es imposible que vuelvas a lo mismo. No puedes seguir mintiendo, no puedes seguir pecando, no puedes seguir engañando, no puedes seguir viendo como veías antes, oyendo lo que oías antes, hablando como hablabas antes. Eres trasformado en un hombre y en una mujer totalmente diferente. Le pasó al profeta Isaías.

Isaías era muy bueno, pero no había cambiado. En los primeros cinco capítulos de Isaías vemos que él era muy bueno, pero no fue sino hasta el sexto, cuando vio al Señor grande, sublime y que sus faldas llenaban el templo, que su vida cambió para siempre. En esa ocasión el profeta fue expuesto a la Presencia de Dios, y Su presencia lo transformó. Esto fue lo que él experimentó:

"Por encima de él había serafines; cada uno tenía seis alas; con dos cubrían sus rostros, con dos cubrían sus pies, y con dos volaban. Y el uno al otro daba voces, diciendo: Santo, santo, santo, Jehová de los ejércitos; toda la tierra está llena de su gloria. Y los quiciales de las puertas se estremecieron con la voz del que clamaba, y la casa se llenó de humo". Isaías 6:2-4

Fue ante toda esa gloria que no pudo más que decir:

"¡Ay de mí! que soy muerto; porque siendo hombre inmundo de labios, y habitando en medio de pueblo que tiene labios inmundos, han visto mis ojos al Rey, Jehová de los ejércitos". Isaías 6:5

Los ojos del profeta fueron abiertos, el cambio fue inevitable, y lo que pasó en su vida a partir del capítulo seis en adelante fue irreversible. Ya no se echó para atrás, ya no cayó, ya no mintió, ya no dio un paso para atrás, ya no vio nunca más para atrás, sino solo para adelante y para arriba.

Por eso es tan importante la música en nuestros servicios de alabanza y adoración, es tan importante traer la Presencia de Dios, es tan importante estar expuestos a la luz del Señor, porque esto es lo que nos trasforma.

Jesús les dijo a los judíos que habían creído en Él:

"Si vosotros permaneciereis en mi palabra, seréis verdaderamente mis discípulos; y conoceréis la verdad, y la verdad os hará libres". Juan 8:31-32

Aquí no dice que seremos religiosos, sino verdaderamente libres. Libres para obedecer Su palabra. Inevitable es el cambio e irreversible, no hay forma de hablar como yo hablaba antes, de hacer lo que hacía antes, de meterme donde me metía antes, de consumir los vicios que yo tenía antes. Irreversible significa que no hay forma de echarme para atrás. Cuando Dios viene el cambio es inevitable e irreversible.

¿Te acuerdas del primer milagro en la Biblia, en el Nuevo Testamento? En las bodas de Caná Jesús hizo su primer milagro. Cambió seis tinajas de agua pura en seis tinajas de vino de la mejor clase. Y si tú te das cuenta el milagro no fue tanto que el agua se convirtió en vino, sino en que el vino nunca jamás volvió a ser agua. El cambio fue inevitable y fue irreversible.

Tenemos que poner mucha atención, pues las cosas que pasan por primera vez siempre son muy importantes, así que el milagro que hizo Jesús fue cambiar agua en vino, pero lo extraordinario es que el vino nunca jamás se convirtió en agua.

Y eso es exactamente lo que Él quiere hacer con nosotros. Porque cuando Dios viene, eso es exactamente lo que Él hace. Entonces cuando tú lees la Biblia, necesitas leerla con mucha atención y darte cuenta realmente que Dios no es solamente un Dios que suple tus necesidades, y sana tus dolencias, y perdona tus pecados; sino que es un Dios que viene a tu vida, y cuando viene, el cambio tiene que ser inevitable, y el cambio tiene que ser irreversible.

Dios no es un Dios que viene y te dice: ¿qué es lo que necesitas, qué es lo que quieres? Él no quiere nada más suplir tus necesidades. Lo que Él quiere es tu cambio, te supla o no te supla, te sane o no te sane. Lo que Él quiere es cambiar esa vida podrida y asquerosa que tenemos, quiere reventar en mil pedazos ese egoísmo espantoso que nos gobierna, y desea convertirnos verdaderamente en nuevas criaturas. Él desea que tú lo notes, que ni siquiera tú te reconozcas cuando te mires en el espejo.

Quiero compartir contigo un versículo en la Biblia que fue escrito por Isaías, aquel profeta el cual su vida fue transformada totalmente. Hablando Dios a través de él, dice lo siguiente:

"He aquí que yo hago cosa nueva..." No algo parchado, tampoco algo remendado. Tú no eres un remiendo de Dios, no eres un parche del Señor. Dios no quiere parches, Dios toma lo viejo y lo tira, para hacer cosas completamente nuevas.

"He aquí que yo hago cosa nueva; pronto saldrá a luz; ¿no la conoceréis? Otra vez abriré camino en el desierto, y ríos en la soledad. Las fieras del campo me honrarán, los chacales y los pollos del avestruz; porque daré aguas en el desierto, ríos en la soledad, para que beba mi pueblo, mi escogido". Isaías 43:19-20

Fíjate cómo comienza el versículo 19, dice "He aquí". Cada vez que encuentras en la Biblia "He aquí" significa que a partir de ese momento viene una transición, a partir de este momento cambia la dispensación, significa que aquí viene Dios a mudar los tiempos, viene a mudar las estaciones de tu vida.

"He aquí" es porque viene un cambio a mi vida a partir de ese momento, Dios me va a dar una palabra que va a hacer una transición, que va a hacer un cambio, una transformación en mi vida, que realmente va a ser cosa nueva, voy a ser cosa nueva. Eso quiere decir que todo está por cambiar.

"Dios no es hombre, para que mienta, ni hijo de hombre para que se arrepienta. El dijo, ¿y no hará? Habló, ¿y no lo ejecutará?" Números 23:29

Estamos acostumbrados a que los hombres nos mientan. Estamos acostumbrados a que los hombres sean infieles, a que sean duros e incorregibles. Yo quiero declarar que todo está por cambiar en tu vida. Porque Dios no es hombre, y si Dios dijo en Su

Palabra que va a hacer cosa nueva, Él va a hacer cosa nueva. Y si va a hacer cosa nueva, quiere decir que tu viejo hombre ya no sirve para absolutamente nada. Es más, hasta tú ya estas harto de ti, de todas tus terquedades, de todas tus necedades y de todas tus mañas.

Pero Dios va a hacer una cosa nueva, porque no puede hacer nada con tu viejo yo. Tu viejo yo, dice la Biblia, está viciado con todas las mañas del pasado. Y otra cosa muy importante es que ni tú ni yo podemos cambiar solos. El dinero no nos cambia, la fama no nos cambia, la popularidad no nos cambia. Nada de esas cosas nos cambia, al contrario, nos arruina a veces peor. Pero cuando Dios viene a nuestra vida, Él hace una cosa totalmente nueva.

Jamás podremos cambiarnos nosotros solos. Él no puede hacer absolutamente nada si tú sigues en la misma atmósfera, con los mismos pensamientos y con el mismo estilo de vida. Dios no puede hacer nada contigo si te conformas a vivir igual que antes. Tienes que abrir tus manos, levantarlas y decirle "Señor, me rindo, no puedo yo solo". No es que necesites dinero, no es que necesites trabajo, lo que necesitas es que Dios haga algo totalmente nuevo en tu vida, que te convierta en una nueva creación.

¿Cuánta gente viene a la iglesia y sigue igual, y les oras y les unges, pero no cambian? Es Él quien nos tiene que mudar. En este momento tú y yo estamos en el lugar correcto en el tiempo correcto. No significa solamente en este preciso momento, sino que cuando dice "He Aquí" significa de aquí en adelante, a partir de este momento, desde ahora hacia adelante Dios empieza el cambio en nuestra vida. Y cuando Él cambia, lo que Él hace es para siempre. No hay vuelta atrás.

Mi deseo más ferviente es que hoy mismo descienda el Señor sobre tu vida para que ya no seas más agua sino que puedas ser vino, y que realmente sea irreversible lo que Dios haga en tu vida. Cuando Él vino y sanó a los leprosos, ellos nunca más volvieron a tener lepra. Cuando Él sanó y le dio la vista a los ciegos fue para siempre. Cuando él sanó a los paralíticos, éstos salieron saltando y nunca más volvieron a ser paralíticos, nunca más volvieron ni siquiera a cojear. Porque Dios no es hombre, porque cuando Dios llega cambia, transforma, revoluciona y lo que Él hace es irreversible.

En cada generación Dios ha tenido a sus Sadrac, Mesac y Abednego. Ha tenido a sus "Danieles", ha tenido a sus "Esteres", ha tenido a sus "Abrahames". Dios ha tenido en cada época y en cada dispensación hombres y mujeres que le han hecho caso. A través de la historia podemos ver cómo Dios ha venido a sus vidas y los ha cambiado y transformado. Desgraciadamente siempre han sido una minoría, pero Dios siempre ha estado cambiando y transformando. Esto es lo que comúnmente se conoce como "Metamorfosis".

La oruga que se convierte en mariposa es un perfecto ejemplo de este proceso de renovación permanente. El cambio de ese gusano a mariposa es irreversible, esa mariposa jamás volverá a ser un gusano otra vez. Y si tú, que antes eras un gusano y fuiste convertido en nueva criatura pero ahora andas igual que los gusanos, quiere decir que algo está mal. ¿Sabes qué me dice? Que nunca has tenido un encuentro con Dios. Tú sigues blasfemando, tú sigues tratando mal a la gente, tú sigues pensando cosas equivocadas, tú andas en cualquiera. Si así es como te comportas, todo eso me indica que tú nunca fuiste mariposa. Eres simplemente un vil y simple gusano.

El día de hoy quiero recordarte que los gusanos no van a heredar el Reino de los Cielos, sino las nuevas criaturas. Yo necesito cambiar, y estoy totalmente rendido a Dios para que me siga cambiando, para que siga trabajando en mi vida. Hay una canción que cantamos en la iglesia y que dice lo siguiente: "Creo en ti Jesús, y lo que harás en mí" ¿Qué va a hacer en ti? Vino nuevo, irreversible. No podemos seguir siendo agua ni tampoco seguir viviendo como gusanos.

En cada generación Dios ha tenido sus hombres y sus mujeres, y yo le pido a Dios que en esta generación tú y yo seamos sus hombres y sus mujeres. Se necesita un David, se necesita un Samuel, un Isaías, un Sansón, se necesita un Pedro, un Juan, un Lucas, un Mateo, se necesita una Ester, una María que diga "Hágase conmigo conforme a tu Palabra, Señor".

¿Estás listo? Yo creo que tú y yo somos gente de renacimiento, tú y yo somos gente del remanente. Tú y yo no nos parecemos absolutamente a nadie, tú y yo somos diferentes al resto del mundo.

Mira lo que dice 1 Pedro capítulo 2 versículo 9:

"Mas vosotros sois linaje escogido, real sacerdocio, nación santa, pueblo adquirido por Dios, para que anunciéis las virtudes de aquel que os llamó de las tinieblas a su luz admirable".

Acuérdate que Dios no es hombre para que mienta. Tú eres linaje elegido, eres una generación escogida. Todos somos de diferentes naciones, pero todos vivimos en una nación. En mi caso yo vivo en la nación de Argentina, pero además de eso pertenezco a una nación santa, la Nación de Dios, así que soy parte un pueblo que fue comprado. Dios nos adquirió, Él nos compró, ¿para que sigamos iguales, hablando igual, pensando igual, viendo y oyendo igual, deseando y sintiendo igual, y con las mismas mañas de los de allá afuera? ¿Hizo todo eso el Señor y sigo peleándome, y sigo maltratando a la gente, y sigo de amargado, y sigo de rencoroso y sigo con odio? Si yo sigo así no soy nada de lo que dice este pasaje en el primer libro de Pedro.

¿Para qué me compró el Señor? ¿Para meterme en una

iglesia y convertirme en un asqueroso religioso? Creo firmemente que no, Dios nos compró "para que anunciemos las virtudes de aquel que nos llamó de las tinieblas a su luz admirable".

Los versículos 10, 11 y 12 dicen lo siguiente:

"Vosotros que en otro tiempo no erais pueblo, pero que ahora sois pueblo de Dios; que en otro tiempo no habíais alcanzado misericordia, pero ahora habéis alcanzado misericordia. Amados, yo os ruego como a extranjeros y peregrinos, que os abstengáis de los deseos carnales que batallan contra el alma, manteniendo buena vuestra manera de vivir entre los gentiles; para que en lo que murmuran de vosotros como de malhechores, glorifiquen a Dios en el día de la visitación, al considerar vuestras buenas obras". 1 Pedro 2:10-12

Que Dios me libre de ser solamente un religioso más. Que Dios me libre de seguir exactamente igual que antes. Efesios 2:19 y 20 dice así:

"Así que ya no sois extranjeros ni advenedizos, sino conciudadanos de los santos, y miembros de la familia de Dios, edificados sobre el fundamento de los apóstoles y profetas, siendo la principal piedra del ángulo Jesucristo mismo".

Aquí dice que somos miembros de la familia de Dios, y esto ya lo hemos visto mil veces, pero yo quiero que esta palabra te sacuda, que te des cuenta que eres miembro de la familia de Dios. ¿Qué significa? Que mi familia ya no es Mario Lozano, Antonieta Lozano, Juan

Lozano, Pedro Lozano y todos mis antepasados. Yo ya no pertenezco a esa familia, ahora yo pertenezco a la familia misma de Dios.

Eso quiere decir que Abraham está dentro de mi familia, Moisés es parte de mi familia, y así también Rut, Esther, Gedeón, Caleb, Josué, Enoc, Eliseo, Elías, etc. La sangre de esos es mi misma sangre, somos de la misma familia. ¿Qué quiere decir eso? Que ahora tengo una herencia extraordinaria. Si alguno de los miembros de mi familia eran borrachos, adúlteros, fornicarios, mentirosos, groseros, golpeadores, violentos, sin carácter, etc., toda esa familia ya fue borrada de mis genes. Ahora tengo unos nuevos genes, "ahora tengo una nueva naturaleza divina", dice Pedro.

Mucha gente piensa de esta manera: "Si mi abuelo era alcohólico, entonces yo también seré alcohólico. Mi tatarabuelo era adúltero, entonces yo también seré adultero. Si mi madre era mentirosa, muy posiblemente yo sea mentiroso también".

Estimado hermano en Cristo, tengo buenas noticias para ti: toda esa herencia se ha roto, el día de hoy quiero recordarte que de acuerdo a Efesios 2:19 eres "miembro de la familia de Dios." Eso quiere decir que por tu sangre corre la sangre de Moisés, de Abraham, de Caleb, de Rut, de Esther, de María, de Pedro, de Juan, de Mateo, de Marcos, de Lucas, de Pablo. ¡Qué sangre traemos! Entonces de aquí en adelante, sabiendo esto, tengo que extenderme. Puedo ver para atrás, pero no hacia mi familia carnal, sino hacia la familia de Dios, a la cual yo pertenezco, y ver lo que hicieron todas esas personas, puedo ver todo lo que ellos lograron con el Señor en sus vidas, y eso me da ánimo para pensar que yo también voy a hacer lo mismo en el nombre de Jesús. ¿Lo crees? Espero que así sea. Que Dios nos libre de seguir iguales.

Mis antepasados en Cristo destronaron principados, gobernadores de tinieblas, hicieron a un lado las tinieblas. Mira lo que hizo Abraham: Le creyó al Señor. Mira lo que hizo Moisés: le obedeció a Dios y se fue a declararle la guerra a Faraón. Mira lo que hizo Gedeón: con unos cuantos hombres nada más derribó a miles y miles, a una multitud que era imposible de contar. Mira lo que hizo Josué: metió al pueblo en la tierra prometida luego de cruzar el río Jordán, derrotó a 33 reyes y repartió la tierra a todo el pueblo.

Mira lo que hizo Caleb: a los 85 años no quiso una hamaca para retirarse, jubilarse y recibir los beneficios de su gobierno. Caleb a los 85 años dijo "yo no quiero ningún lugarcito junto al río, no quiero estar ahí tranquilo en una hamaca esperando la muerte". No señor, sino que él dijo: "dame esa montaña que nos falta conquistar, está llena de gigantes, ésa es la que yo quiero". Y Josué no le dijo: "tranquilo, te van a matar esos gigantes", sino que se la dio. Caleb organizó ahí un ejército, se fue y mató a todos los gigantes que había en esa montaña. Esa misma sangre corre por tus venas, así que despierta. Levanta tu voz y di "soy miembro de la familia de Dios."

Esther se atrevió a entrar en las cortes del rey, y dijo: "si perezco, que perezca… pero haciendo la voluntad de Dios". Ester se atrevió. Dentro de tus venas hay sangre atrevida.

Hace más de dos mil años atrás el ángel Gabriel le dijo a María: "Va a nacer un ser santo en ti", y ella respondió: "no entiendo nada, pero hágase conmigo conforme a Su palabra".

Deja que ese Dios que muda los tiempos y las edades te mude a ti también en una nueva criatura. Y no es con fuerza, no es con ejército, no es con el intelecto, no es con fortaleza mental, sino con Su sangre espiritual. Y eso sí se puede. Cuando Jesús hizo su primer milagro, el vino nunca más volvió a ser agua, y ni tú ni yo vamos a volver a ser los mismos.

Fíjate cómo Pedro, habiendo siendo un simple pescador del vulgo y sin educación, cuando Dios vino a su vida para dejar su huella digital eterna en él, mira nada más cómo escribe:

"Como todas las cosas que pertenecen a la vida y a la piedad nos han sido dadas por su divino poder, mediante el conocimiento de aquel que nos llamó por su gloria y excelencia, por medio de las

cuales nos ha dado preciosas y grandísimas promesas, para que por ellas llegaseis a ser participantes de la naturaleza divina, habiendo huido de la corrupción que hay en el mundo a causa de la concupiscencia". Pedro 1:3-4

Inevitable, irreversible es el cambio que tiene que haber en tu vida y en la mía. Ya no puedo seguir igual. Déjale el odio y el rencor a los gentiles, a los que no conocen a Dios. En nosotros no pueden existir, ahora en nuestra vida hay misericordia, gloria, poder, unción. Si he visto al Rey no puedo seguir siendo igual. El muda los tiempos y las edades. Cuando Él viene a la vida de alguien, esa persona ya no puede seguir igual. Tu única razón ahora para ver atrás, es simplemente para ver lo que él hizo con nuestra familia. Olvídate de lo que hizo tu tatarabuelo, tu abuelo, tu padre o tu madre. Olvídate de todo lo que quedó en el pasado de tu familia carnal. A partir de hoy, tú y yo somos parte de la familia de Dios, donde milagros, maravillas, prodigios y cosas extraordinarias se hicieron en el nombre de Jehová de los ejércitos, en el nombre del Señor Jesucristo. Hay una nueva naturaleza divina en ti.

Con semejante palabra del Señor para nuestra vida todavía habrá alguno que dirá: "No, pero tengo que ir a ver al psiquiatra, porque ya llevo 50 años con él". Óyeme, ¿Qué te pasa? Lo que necesitas es un minuto en su presencia, basta con eso para ser transformado para siempre. Ahora, tal vez tú tengas tiempo para ir a ver al psiquiatra, pero yo no tengo tiempo, pues prefiero pasar mi tiempo con el médico de médicos.

Necesitamos adorar al que venció a la muerte, necesitamos adorar a aquel que resucitó, subió al cielo y está sentado a la diestra del Padre. Él es el león de la tribu de Judá, Él es la raíz de David, es la estrella de la mañana, es el jinete que cabalga en el apocalipsis para conquistar, reinar y gobernar. Necesitamos adorar y estar un minuto con Aquel cuyos ojos son como llamas de fuego y su rostro resplandeciente como el sol. Necesitas adorar a Aquel de cuya boca sale una espada de doble filo, que cabalga para gobernar, reinar y conquistar. Él es el gran yo soy. Él es el alfa, la omega, el buen pastor, la puerta, el camino, la verdad, la vida, la resurrección y la vida, es el Creador de todo lo visible y lo invisible, es quien sostiene y mantiene la creación entera. Le sobra poder para cambiarte… si tú lo dejas. El muda los tiempos y las estaciones, deja que te mude a ti también.

Dondequiera que estés leyendo esto, por favor ora al Señor de esta manera: "Señor, te pido perdón por todos mis pecados. Límpiame con tu sangre preciosa, borra mis pecados, aplica tu sangre en mi vida, en mi espíritu, en mi alma, en mi cuerpo. Cámbiame Señor, cambia todo patrón equivocado en mis pensamientos y pon tus pensamientos y tu palabra en mi cabeza. Abro mi corazón, y Señor, quiero invitarte a que entres y lo hagas con toda tu gloria, fuerza, poder, amor y misericordia, y transfórmame en una nueva criatura. Dame tu naturaleza divina, injértame como miembro de tu familia. Y, Señor, te voy a dar la gloria, honra, alabanza y la adoración, por lo que tú eres y por lo que has hecho en mi vida. A partir de hoy, Señor, todo es hecho nuevo en mi vida, termino este capítulo transformado, no siendo ya un gusano, sino totalmente transformado. Y, Señor, úsame, para que anuncie tus virtudes, tus maravillas, tus prodigios, tus bondades y el amor que me tuviste se lo voy a decir a otros. En el nombre de Jesús, gracias."

La cruz de Jesús

Mi oración es que al leer este capítulo puedas entender lo que Dios ha puesto en mi corazón. Ruego a Dios que Él me de facilidad de escribir lo que he recibido para que en este día toda nuestra vida sea totalmente transformada por Su palabra, para que nos salgamos de nuestro yo, para que nos salgamos de nuestra atmósfera y para que nos salgamos de nuestras necesidades con el fin de que realmente el Señor se manifieste en revelación.

Porque la verdad es que podemos saber muchas cosas, pero si no tenemos la revelación de esas cosas de nada sirve. Nuestra vida es transformada cuando conocemos la verdad y cuando Dios nos la revela. Cuando recibimos Su revelación se nos abren los ojos, entendemos Su palabra y la empezamos a vivir.

Oremos a Dios que abra nuestros ojos espirituales.

En la segunda carta a los Corintios, Pablo, hablando del Señor Jesucristo dice:

"Al que no conoció pecado, por nosotros lo hizo pecado, para que nosotros fuésemos hechos justicia de Dios en él". 2 Corintios 5.21

Hay otro versículo más adelante que dice:

"Porque ya conocéis la gracia de nuestro Señor Jesucristo, que por amor a vosotros se hizo pobre, siendo rico, para que vosotros con su pobreza fueseis enriquecidos." 2 Corintios 8.9

Alguien dijo que el Hijo de Dios se hizo hijo de hombre para que nosotros, los hijos de los hombres, nos hiciéramos hijos de Dios.

Fíjate donde dice *"Al que no conoció pecado"*. ¿Qué significa que Jesucristo haya muerto por nosotros? Es una expresión que todos usamos y que todos hemos oído de una u otra forma. Una de las cosas más sorprendentes del Señor Jesucristo es que Él es Dios, Él era Dios.

Pero caminó por esta tierra como hombre. Fue el hombre el que cayó, fue el hombre el que pecó, fue el hombre el que se alejó de Dios, fue el hombre el que murió espiritualmente, así que lo que se necesitaba aquí era que alguien caminara una vida perfecta y muriera por hombres imperfectos. El señor Jesucristo vivió exactamente igual que todos nosotros, fue tentado en toda forma igualito que tú y yo, pero sin cometer un solo pecado.

No sé si alcanzas a entender eso. No cometió un solo pecado. No cedió a ninguna de las tentaciones. Por eso Segunda Corintios 5: 21 dice *al que no conoció pecado*. Eso es algo realmente admirable, por eso uno de sus nombres es justamente Admirable.

Ahora piensa por favor esto: no ha habido un solo momento en tu vida en que hayas amado a Dios como Él se merece ser amado. No lo hemos amado como Él se lo merece. No lo hemos obedecido como deberíamos. No lo hemos alabado como se merece. No lo hemos adorado como se merece. No le hemos aplaudido como él se merece, ni un solo segundo de nuestra vida. Sin embargo, el Señor Jesucristo no tuvo un solo momento en que no haya amado a Dios como Él merece ser amado. ¿Puedes entender esto? Nosotros no le hemos amado como Él se lo merece, pero Jesús no pasó ni un segundo sin amar a Dios Padre Él se lo merecía. Jesús sí lo hizo, y eso lo hace sorprendente, eso lo hace admirable.

Si tú perteneces a la misma raza que yo pertenezco, a la raza humana, te habrás dado cuenta que casi todo lo que hemos hecho hasta el día de hoy es para nuestra propia gloria. Mucho de lo que hacemos es simplemente para que me vean, para que me admiren, para que me aplaudan, para que me promuevan. Para mí, para mí. Todo para nosotros.

Casi todo lo que hemos hecho hasta ahora es para nuestra gloria, pero sin embargo todo lo que hizo el Señor Jesucristo, cada aspecto de su vida, cada paso que dio, cada palabra que pronunció, cada vez que estiró Su mano, cada momento de su existir en esta tierra lo hizo absolutamente todo para la gloria de Dios.

A mí me parece que nunca realmente hemos visto la terrible y tremenda maldad que hay en nosotros. Somos terribles. ¿Y sabes por qué? Porque no hemos visto realmente la gloria y la grandeza de nuestro Dios. Pero Jesús, conociendo la gloria y conociendo la grandeza de Dios, vivió de acuerdo a lo que Él conocía y conoce de Su gloria. Por eso, con cada respirar de su nariz vivió de acuerdo a la ley de Su Dios. Jesús amó al Padre con todo Su corazón, con toda Su mente, con todas Sus fuerzas, con todos Sus sentimientos, con todas Sus emociones.

En una ocasión, Jesús les dijo a sus discípulos:

"… porque viene el príncipe de este mundo, y él nada tiene en mí." Juan 14.30

No había una sola área en la vida de Jesús que estuviera bajo el poder del diablo, ni contralada ni tampoco influenciada por el diablo.

Volviendo al versículo de 2 Corintios, vemos que luego sigue diciendo: *"por nosotros lo hizo pecado"*. ¿Cómo que lo hizo pecado? En la cruz lo hizo pecado.

Tú y yo tenemos un problema muy grande. Tenemos un problema demasiado grande. ¿Sabes cuál? Que Dios es justo. Ése es nuestro problema. No es el diablo, no es el infierno, no son adversarios ni tampoco la gente que anda detrás de mí para matarme. Nuestro más grande problema en la vida es que Dios es justo. ¿Y por qué?

No hay problema si un juez es justo. El problema lo tenemos si nosotros somos criminales. Si el juez fuera corrupto, no hay problema, lo compro, de alguna manera lo convenzo y lo engaño. Pero si el juez es justo y no hay forma de corromperlo, si no hay forma de cambiarle su forma de pensar y mucho menos su forma de ser, entonces nosotros tenemos un problema muy grande, porque Dios es un dios justo. Por eso es que digo que un juez justo es un gran problema para los criminales. El problema de que Dios es un dios bueno radica en que nosotros no somos buenos. Solo hay uno que realmente es bueno, y ése es Dios.

En una ocasión vino una persona y le dijo a Jesús: *"Maestro bueno"*, y Jesús le respondió: *"¿Por qué me dices bueno? No hay nadie bueno, sino solo Dios"*.

Entonces el que Dios sea un Dios justo significa que nosotros no lo somos. El problema es que como seres humanos hemos quebrantado todas las leyes de Dios, y el hecho de que Dios es justo genera un problema para nosotros, pues Él no me puede perdonar así porque sí. No puede darse la vuelta, no puede hacerse el tonto, no puede hacerse el que no vio, y no puede porque es justo. No me puedo salir con la mí así nada más. Él tiene que tratar con nuestro pecado.

"Porque la paga del pecado es muerte, mas la dádiva de Dios es vida eterna en Cristo Jesús Señor nuestro". Romanos 6.23

¿Cuál es el castigo para el que peca? Muerte.

¿Qué es lo que hace al cielo, cielo? ¿Qué es lo que hace que el cielo sea realmente un cielo? Respuesta: que Dios está ahí como nuestro Padre amado. Que Dios está ahí como nuestro Dios bondadoso. Que Dios está ahí como Padre misericordioso lleno de gracia, lleno de bondad; que nos ama como jamás nadie nos ha amado. Eso es lo que hace al cielo, cielo.

¿Qué es, por otro lado, lo que al infierno lo hace infierno? Te voy a decir qué cosa hace al infierno verdaderamente infierno. No es que allí está el diablo, acompañado de todos sus secuaces, los ángeles caídos, no. ¿Qué es lo que hace al infierno, infierno? Te voy a decir lo que hace al infierno, infierno. Que Dios ya se ha revelado como Dios justo, haciendo que tú y yo paguemos todas nuestras injusticias, todos nuestros pecados y todas nuestras maldades.

Es muy grave lo que te estoy diciendo. Porque estamos tratando con la eternidad de tu vida. Ahora viene la siguiente pregunta: ¿Cómo un Dios justo puede perdonar a un ser tan malo y tan pecador como tú y como yo? Dios ha hecho lo siguiente para perdonar a una persona como tú y una persona como yo: Su hijo se volvió hombre, caminó una vida perfecta hasta que lo mataron, pero en la cruz Dios puso sobre Su hijo todas nuestras maldades, todos nuestros pecados, todas nuestras atrocidades, todas nuestras barbaridades y barbaries.

Y mira en lo que se ha convertido la semana santa en nuestros días. Supuestamente debería ser unos días para reflexionar en lo que Dios hizo por nosotros, pero en lugar de celebrar que ese hijo vino a absorber y a hacer posible nuestra salvación y nuestro perdón, hemos distorsionado absolutamente todo

¿En qué consiste hoy la pascua? En los huevos de ese conejo de chocolate, consiste ahora en vacaciones, en "vámonos a la costa" y "vámonos a la montaña" y "vámonos a quien sabe dónde". En su lugar deberíamos de toda esa semana caer de rodillas, ayunar, orar, agradecer y alabar a Dios como corresponde por la salvación tan grande.

Entonces qué vacaciones ni qué vacaciones, qué huevos ni qué huevos de chocolate. Dios se hizo hombre, y Dios en la cruz le cargó toda la maldad del hombre a Su querido hijo, quien voluntariamente tomó el lugar de toda la raza humana para sufrir el juicio que tú y yo merecíamos.

Fue así como Dios absorbió en Jesucristo el juico que nos tocaba a todos nosotros, pues Él tomó tu lugar.

"Al que no conoció pecado, por nosotros lo hizo pecado, para que nosotros fuésemos hechos justicia de Dios en él". 2 Corintios 5.21

¿Qué significa entonces que lo hizo pecado? Como te dije al principio, nosotros tenemos demasiado conocimiento. Hemos oído mucho estas verdades, pero necesitamos el día de hoy la revelación que proviene de Dios. Necesito urgentemente que Dios me quite el velo y que pueda ver realmente la barbarie que pasó hace más de dos mil años en este planeta.

Volviendo a la pregunta: ¿Cómo que por nosotros lo hizo pecado? ¿Acaso Jesucristo se volvió un corrupto como nosotros? No.

Preguntemos de otra manera: ¿Cómo me convierto en justo delante de Dios en Cristo? En el momento en que tú depositaste tu fe en el Señor Jesucristo, en ese instante tú te convertiste en la justicia de Dios. Ahora ya eres un hombre justo y una mujer justa. En ese momento Jesús te declara legalmente justo delante de Dios.

En el instante en que yo acepté a Jesucristo como mi Señor y Salvador; cuando yo confesé con mis labios que Dios lo levantó de los muertos y creí en mi corazón que él es Señor, en ese mismo momento Dios me hace justo delante de él y comienza a tratarme como un hombre justo.

Entonces, ¿Qué significa que Jesús fue hecho pecado? Que en el momento en que Jesús fue puesto en esa cruz los pecados de toda la humanidad fueron puestos sobre él. Él cargo toda nuestra culpa, y Dios en ese momento trató a Jesucristo como nos debió haber tratado a nosotros. Por eso el Señor Jesucristo levantó su voz esa tarde y clamó diciendo: *"Dios mío, Dios mío ¿Por qué me has desamparado?"* (Mateo 27.46)

¿Sabes lo que hizo el Padre en ese momento? Le cerró la puerta en la cara al Señor Jesucristo desde el cielo. Ese portazo que nos debió haber dado a nosotros, se lo dio a él. Esa espalda que le dio el Padre a Su único hijo, es la espalda que tú y yo debimos haber visto. Pero el Padre decidió desechar a Jesús para declararnos a nosotros justos y tratarnos como tales. A Jesús lo trata como a un simple delincuente, como a un culpable de algún delito. Culpable.

El perfecto cordero de Dios cargó en esa cruz todos

nuestros pecados y fue tratado como deberían los pecadores. Y si a ti eso no te asusta y no te sorprende déjame decirte por qué sucede. Es porque no has entendido nada de la santidad de Dios. Si esta gran demostración de amor no mueve algo en tu ser interior es que no has entendido Su justicia y no hemos entendido la maldad aterradora que hay en nuestro interior ni lo depravados que somos delante de Dios.

Si esto a ti no te toca de cerca es porque no has entendido que nosotros teníamos que haber sido condenados, que nosotros debimos haber sido rechazados, que a nosotros se nos debió haber metido al infierno, para que Dios en ese lugar pueda juzgarnos con toda la justicia que tú y yo merecíamos. No solo a Hitler, no solo a los grandes criminales de la humanidad, sino a cada uno de nosotros.

Pero (y gloria a Dios por el "pero") por amor a nosotros Jesús fue tratado como nosotros debimos haber sido tratados. Para que podamos entender lo terrible que fue para Jesús haber cargado con nuestros pecados, piensa por un momento lo siguiente: Es muy fácil ver a Jesús colgado en la cruz, es muy fácil tener un crucifijo ahí suspendido de nuestro cuello, pero no entendemos lo terrible de su sufrimiento y lo que Él hizo por nosotros. Si así fuera no tendríamos una cruz colgada en la pared de nuestros hogares.

Me parece que no percibimos lo asqueroso que es el

pecado, ¿y sabes por qué? Porque estamos acostumbrados a él. Nosotros practicábamos el pecado como se practica un deporte, como si nada, ¿y sabes por qué? Porque nacimos en una sociedad que está llena de pecadores, en donde el pecado es lo normal y la santidad es lo anormal.

Pero en este día quiero decirte que lo normal debería ser: ser santos. Eso debería ser lo normal. Y me parece que todavía no podemos entender esto. Yo creo que es como un pez. El pez nació mojado, vive mojado y muere mojado. Nunca se da cuenta que está mojado, ¿por qué? Porque nació en el agua y toda su vida de desarrollará allí. Todo el mundo a su alrededor y todo lo normal es estar mojado.

Y lo mismo sucede con nosotros. Nacimos en pecado, y cuando pecábamos, lo hacíamos de acuerdo a nuestra naturaleza y porque todos los demás lo hacían. Pero hoy vengo a decirte que no porque todos los demás lo estén haciendo significa que es lo correcto, ni tampoco quiere decir que es lo normal. No porque todos se emborrachan, no porque todos salen en la noche, no porque todos se drogan, no porque todos abortan, no porque todos sean homosexuales ni porque se casan hombres con hombres quiere decir que es lo normal.

Convivimos en nuestra sociedad con multitudes de pecadores que pecan, y lamentablemente creemos que es lo normal. Adicciones, drogas, cigarros, alcohol, sexo de todo tipo, perversiones, casinos, gula, mentira, hechicerías, prostitución, aborto, homosexualismo, etc. Creemos que todo eso es lo normal, y nos van cocinando junto con toda la sociedad, haciéndonos creer que todo lo que están haciendo es lo normal. Y la verdad es que no.

Somos culpables, y ni cuenta nos damos ¿sabes por qué? Porque estamos acostumbrados. El marido abandona a la mujer; estamos acostumbrados a una sociedad de madres solteras. Estamos acostumbrados a hijos sin padres; estamos acostumbrados a una sociedad huérfana, y creemos que es lo normal. "Bueno, no es tan grave", dicen algunos, y se nos va formando un callo, y nos vamos haciendo duros.

¿Qué pasaría, por ejemplo, si retrocediéramos 50 años? ¿Qué pasaría si una mujer se pone un traje de baño como los que se usan ahora pero hace 50 años? ¿A dónde la meterían? ¿A la cárcel o al manicomio? O es una delincuente, o es una loca. O es una perversa, o perdió todo sentido común.

Pero mira cómo ha avanzado la cosa hasta nuestros días, fíjate cómo va avanzando y ni cuenta nos damos. Cada día le ponen menos ropa a las mujeres. ¿Te das cuenta que nuestra consciencia se va a adormeciendo? ¿Leíste bien lo que acabo de escribir? Mencioné la consciencia, que es ese lugar donde Dios nos habla y nos dice "no hagas eso", "no pienses eso" y "no digas eso". Pero nosotros, ¿qué hacemos con esa voz interna? La vamos cauterizando, vamos apagando la voz del Espíritu Santo, y es entonces cuando la sociedad, muy de a poco, nos va cociendo en vida.

Con cada día que pasa nuestra consciencia va siendo sumergida más y más en las tremendas y espesas tinieblas en las que vive la sociedad actual. Estoy hablando de la sociedad de este mundo.

Por eso ni cuenta nos damos de la agonía que el Señor Jesucristo tuvo que pasar cuando le pusieron todos nuestros pecados encima. Toda nuestra drogadicción, todo nuestro alcoholismo, tabaquismo, gula, homosexualismo, lesbianismo, aborto, y demás pecados fueron cargados por el Señor en aquella cruz.

Y lo triste es que todavía no logramos entender la magnitud y el horror de lo que fue para Aquel que no conoció pecado. Él no nació mojado con el pecado como nosotros. Él viene del cielo, donde hay santidad, donde la santidad y la gloria es lo normal, pero de pronto viene a esta tierra y le cuelgan toda esa maldad, todo ese horror, y todo ese terror encima.

Al que no conoció pecado. Al que no nació en pecado. Al que jamás cometió pecado.

Dios puso en nuestra conciencia lo que es bueno y lo que es malo ¿o no? ¿Sabes lo que es bueno y lo que es malo? Eso es así porque desde chiquitos, Dios lo puso ahí. Aunque nunca hayas oído el evangelio, aunque nunca hayas ido a una iglesia, sabes lo que es bueno, y todo el mundo sabe lo que es malo.

En todas las culturas, en todas las sociedades de la tierra, en las tribus mas recónditas del planeta y hasta en las urbes más grandes del planeta, todo es lo mismo, en todos lados está mal matar a una persona. En todos lados está mal mentir, en todos lados está mal robar, en todos lados está mal el adulterio, la fornicación, en todos lados está mal comer como loco. Y sabemos que está mal porque está dentro de nuestro ser.

Dentro de nosotros hay un sentimiento de justicia. Cuando ves las noticias que dicen: "el papá hizo no se qué a la hija, y luego a todas sus hijas", ¿qué sientes dentro tuyo? Seguramente piensas: "pues que lo metan a la cárcel..." Y si luego te enteras que le dieron solo 5 días, tú piensas: "Pero, ¿cómo 5 días? ¡Perpetua! Que lo sienten en la silla eléctrica".

Y eso es así porque hay un sentimiento dentro de nosotros. Es un deseo de obtener justicia. Imagínate que un borracho va manejando a altas velocidades, y cruza con la señal en rojo, cuando justo en ese momento una mujer embarazada está cruzando y arrasa con ella. ¿Tú qué piensas? Imagínate que la policía lo detiene pero luego de 3 o 4 días sale en libertad, absuelto de todos los cargos. ¿Qué sientes? Porque este hombre mató a esa mujer, y asesinó también a un niño por nacer, pero luego sale libre de toda culpa y cargo.

¿No te indignarías? ¿Cómo piensas que se llama lo que sientes en tu interior cuando te enteras de algún caso similar? El día de hoy vivimos en una sociedad que está harta de tanta injusticia: los culpables andan afuera, los inocentes están adentro.

Justicia. Hay un sentido de justicia en nuestro interior, ¿y sabes por qué? Porque fuimos creados a la imagen de un Dios justo. La raza humana realmente está enferma, se encuentra actualmente agonizando. Y si no me crees, mira cualquier día en la mañana los noticieros. Mira cómo se comporta esta sociedad. Y luego tú dices: "yo nunca haría eso". ¿De verdad? Yo creo que te cansarías de hacer lo mismo, ya que solo por la misericordia de Dios estás leyendo este libro intentando agradar a Dios en vez de a los hombres. Un gran predicador dijo en una ocasión: "Lo único bueno que hay en ti es Dios". Dentro de ti hay un homosexual, dentro de ti hay una lesbiana, dentro de ti se encuentra un asesino, dentro de ti hay un ladrón, dentro de ti hay un mentiroso, y hay toda clase de mugre. Lo único bueno que hay en ti es Dios, porque en realidad somos capaces de hacer cualquier cosa.

"Amados hermanos míos, no erréis. Toda buena dádiva y todo don perfecto desciende de lo alto, del Padre de las luces, en el cual no hay mudanza, ni sombra de variación". Santiago 1.16-17

¿Qué quiere decir esto? Que si hay algo bueno en nosotros, si hemos sido bendecidos de alguna forma, si has tenido hijos, y si tienes un marido, si tienes una esposa, si tienes una casa, si tienes un auto, si tienes salud, si tienes fuerzas para levantar toda buena dádiva, ¿de dónde viene? De arriba, del Padre de las luces, el cual es inmutable, no hay mudanza ni sombra de variación. Él es quien creó todas las estrellas del cielo, y es quien nos da todo lo bueno y todo lo perfecto.

Pon atención a esto: Tú y yo hemos sido bendecidos más allá de nuestra imaginación, ¿no te parece? Y la razón es porque Jesucristo fue maldecido más allá de nuestra imaginación. Absorbe eso.

Si tú y yo hemos sido bendecidos mas allá de lo que merecíamos, es porque el Señor Jesucristo, el que no conoció pecado, fue maldecido en esa cruz por causa nuestra. Si el Señor Jesucristo no hubiera muerto hace más de dos mil años, jamás podrías haber pronunciado la palabra bendición con tus labios.

Si Jesús no hubiera venido en vez de "bienaventuranzas" serían las "maldiciones", pues todo seria al revés.

"Bienaventurados los pobres en espíritu, porque de ellos es el reino de los cielos". Mateo 5.3

Si Jesús no hubiera venido a nosotros, de nadie sería el Reino de los cielos. Luego sigue diciendo:

"Bienaventurados los que lloran, porque ellos recibirán consolación". Mateo 5.4

Si Cristo no hubiera venido jamás hubiéramos recibido la consolación que el día de hoy podemos experimentar gratuitamente.

"Bienaventurados los mansos, porque ellos recibirán la tierra por heredad". Mateo 5.5

Si Cristo no hubiera venido vete olvidando de heredar ni aunque sea un alfiler.

"Bienaventurados los que tienen hambre y sed de justicia, porque ellos serán saciados". Mateo 5.6

Si Jesús no hubiera venido jamás tu justicia sería saciada.

"Bienaventurados los misericordiosos, porque ellos alcanzarán misericordia". Mateo 5.7

Si Jesús no hubiera venido tendrías que olvidarte de la misericordia e irte preparando para la ira de Dios.

"Bienaventurados los de limpio corazón, porque ellos verán a Dios". Mateo 5.8

Si Jesús no hubiera venido a la tierra, olvídate de verle la cara al Señor.

"Bienaventurados los pacificadores, porque ellos serán llamados hijos de Dios". Mateo 5.9

Si Cristo no hubiera venido ni tú ni yo seríamos hijos de Dios, sino que seriamos hijos del diablo.

Todos nosotros merecíamos estas maldiciones, porque todos nosotros a la misma vez rompimos todas las leyes del Señor, pero gracias al que no conoció pecado, porque al morir recibió todas las maldiciones que nos tocaban a nosotros.

Miremos otra vez este pasaje que te mencioné anteriormente. Dice el libro de Mateo que alrededor de las tres de la tarde,

"Jesús clamó a gran voz, diciendo: Elí, Elí, ¿lama sabactani? Esto es: Dios mío, Dios mío, ¿por qué me has desamparado?" Mateo 27.46

Jesús estaba exclamando a viva voz: "¡¿Por qué?! ¡¿Por qué?! ¡Dios mío, Dios mío! ¡¿Por qué me has abandonado?! ¡¿Por qué me cerraste la puerta?! ¡¿Por qué me has cargado con toda esta maldad, toda esta mugre y toda esta asquerosidad que yo no conocía?!" Eso es lo que Jesús estaba diciendo cuando el cielo ya se había oscurecido esa tarde.

Pero, ¿Por qué Dios le cerró la puerta a Su hijo, Su único? Porque Dios Padre no podía ver toda la maldad que había puesto en el Señor Jesucristo.

Vamos ahora a leer un pasaje muy conocido en el libro de Deuteronomio. En realidad siempre leemos desde el versículo 1 al 14, pero nunca desde el 15 en adelante porque está muy feo. Sin embargo, hoy lo vamos a leer para que te des cuenta de todo lo que cargó Dios Padre sobre Dios hijo:

"Pero acontecerá, si no oyeres la voz de Jehová tu Dios, para procurar cumplir todos sus mandamientos y sus estatutos que yo te intimo hoy, que vendrán sobre ti todas estas maldiciones, y te alcanzarán.

Maldito serás tú en la ciudad, y maldito en el campo. Maldita tu canasta, y tu artesa de amasar. Maldito el fruto de tu vientre, el fruto de tu tierra, la cría de tus vacas, y los rebaños de tus ovejas. Maldito serás en tu entrar, y maldito en tu salir.

Y Jehová enviará contra ti la maldición, quebranto y asombro en todo cuanto pusieres mano e hicieres, hasta que seas destruido, y perezcas pronto a causa de la maldad de tus obras por las cuales me habrás dejado. Jehová traerá sobre ti mortandad, hasta que te consuma de la tierra a la cual entras para tomar posesión de ella.

Jehová te herirá de tisis, de fiebre, de inflamación y de ardor, con sequía, con calamidad repentina y con añublo; y te perseguirán hasta que perezcas. Y los cielos que están sobre tu cabeza serán de bronce, y la tierra que está debajo de ti, de hierro.

Dará Jehová por lluvia a tu tierra polvo y ceniza; de los cielos descenderán sobre ti hasta que perezcas. Jehová te entregará derrotado delante de tus enemigos; por un camino saldrás contra ellos, y por siete caminos huirás delante de ellos; y serás vejado por todos los reinos de la tierra.

Y tus cadáveres servirán de comida a toda ave del cielo y fiera de la tierra, y no habrá quien las espante". Deuteronomio 28.15-26

¿Quieres seguir de rebelde? ¿Quieres seguir haciendo tu vidita? ¿Todavía queremos seguir haciendo lo nuestro?

¿Has oído esa expresión "anda en lo suyo"? Bueno, sigue nada más en lo tuyo y mira lo que te espera. Sigue el pasaje:

"Jehová te herirá con la úlcera de Egipto, con tumores, con sarna, y con comezón de que no puedas ser curado. Jehová te herirá con locura, ceguera y turbación de espíritu". Deuteronomio 28.27-28

Todo esto lo depositó Dios Padre sobre Jesucristo. Espero que ahora entiendas por qué Jesús clamó a gran voz diciendo: "¿por qué me has desamparado?" Con razón se oscureció todo el cielo. Dice la biblia que desde el mediodía hasta las tres de la tarde, el cielo se puso oscuro. Le cayeron todas las tinieblas que tú y yo tenemos. Nos tocaban a nosotros, pero Dios las puso sobre él.

Deuteronomio 29.20 sigue diciendo:

"No querrá Jehová perdonarlo, sino que entonces humeará la ira de Jehová y su celo sobre el tal hombre

¿Sabes de quién está hablando en este pasaje? De Jesucristo mismo. Está hablando de nosotros. Y luego continúa diciendo:

y se asentará sobre él toda maldición escrita en este libro, y Jehová borrará su nombre de debajo del cielo; y lo apartará Jehová de todas las tribus de Israel para mal, conforme a todas las maldiciones del pacto escrito en este libro de la ley".
Deuteronomio 29.20-21

Esto es lo que nos tocaba a nosotros, y esto es lo que les toca a todos los que rechazan a Jesucristo como su Señor y Salvador.

Hace más de dos mil años Jesucristo tomó tu lugar, y eso es lo que celebrando cada semana santa. No celebramos el conejo de la pascua, sino el Cordero de la Pascua.

Leamos el siguiente pasaje en el libro de Números:

"Habla a Aarón y a sus hijos y diles: Así bendeciréis a los hijos de Israel, diciéndoles: Jehová te bendiga, y te guarde; Jehová haga resplandecer su rostro sobre ti, y tenga de ti misericordia; Jehová alce sobre ti su rostro, y ponga en ti paz". Números 6.22-26

¿Te das cuenta ahora de la importancia de que Él alce su rostro, y no que te cierre la puerta ni que te dé la espalda? ¿Te das cuenta ahora y aprecias un poco más las bendiciones de Dios? ¿Aprecias ahora un poco más la cruz de Jesucristo? ¿Lo valoras más sabiendo que aunque siendo rico se hizo pobre para que tú y yo, siendo pobres, fuéramos enriquecidos? Que Jehová alce sobre ti su rostro y ponga en ti paz.

Qué diferencia con las maldiciones. La única razón por la que tú te puedes considerar bendecido el día de hoy es solamente gracias a Jesucristo. Tres veces en las escrituras encontramos a Jesucristo diciendo "Señor, Padre, si es posible pase de mi esta copa". Y Él no pensaba en los latigazos, no estaba hablando de los clavos, no estaba hablando de la corona de espinas ni tampoco se refería a la cruz cuando oraba de esa manera. Estaba hablando de las maldiciones que caerían sobre Él. Cuando Jesús dice "si es posible pase de mi esta copa" se estaba refiriendo a la copa de la ira de Dios que iba a ser desencadenada sobre Él.

Imagínate nada más la ira del Dios todopoderoso contra nuestros asquerosos pecados. Pero lo que dice la mayoría de la gente en este mundo es lo siguiente: "Bueno, en realidad… Dios es amor. Dios no va a hacer nada de eso" "Cómo crees que Dios va a hacer eso". Pero hoy te recuerdo que Dios, antes de ser amor, es un Dios justo. Ahora, ¿cómo es esto?

Déjame explicártelo de esta manera. Allá en Paraguay y Foz de Iguazú se encuentra un dique, más bien una represa hidroeléctrica, conocida como la represa de Itaipú, la cual es la segunda represa más grande del mundo. Por muchos años fue la más grande, hasta que en la India hicieron otra todavía más grande. La cosa es que detrás de esta represa hay suficiente agua como para que a cada uno de los 7 mil millones de personas habitando el planeta tierra le tocaran 5 mil litros de agua.

Así que imagínate la cantidad de agua que hay allí. Ahora bien, río abajo se encuentra el pueblito de Itaipú, justo al lado del río. Imagínate qué pasaría si de repente empieza a rugir esa cortina de 8 kilómetros de ancho y 196 metros de alto. Imagínate que de pronto empezara a sacudirse porque simplemente ya no aguanta la presión del agua, y que de pronto se quiebre toda la estructura, dejando salir todos esos billones de litros de agua. ¿Qué va a ser del pueblito? Se rompe el dique, sale el agua a borbotones, avanzando como un gigante enfurecido dispuesto a arrasar con ese pueblito, pero de repente se abre entre el dique y el pueblo un hoyo muy profundo y de gran tamaño, absorbiendo así toda el agua liberada y milagrosamente el pueblo se salva.

Esa agua corriendo sin límites, impetuosa e imparable represente la ira de Dios. Nosotros somos el pueblito desprotegido, y ese hoyo profundo que se abrió fue Jesucristo en la cruz. ¿Comprendes lo que pasó ahora? Como el hoyo absorbió toda el agua que estaba destinada a destruir al pequeño pueblo, así es lo que hizo Jesús en la cruz con la ira de Dios que venía sobre nosotros.

Me gustaría compartir un pasaje en el libro de Isaías. Y

que a medida que lo lees recuerdes que Isaías escribió esto 750 años antes de Jesucristo. Es decir, hace 2763 años que esto está escrito. El profeta, hablando de Jesucristo y describiéndolo en la cruz, escribe así:

¿Quién ha creído a nuestro anuncio? ¿y sobre quién se ha manifestado el brazo de Jehová? Subirá cual renuevo delante de él, y como raíz de tierra seca; no hay parecer en él, ni hermosura; le veremos, mas sin atractivo para que le deseemos.

Despreciado y desechado entre los hombres, varón de dolores, experimentado en quebranto; y como que escondimos de él el rostro, fue menospreciado, y no lo estimamos. Ciertamente llevó él nuestras enfermedades, y sufrió nuestros dolores; y nosotros le tuvimos por azotado, por herido de Dios y abatido.

"Mas él herido fue por nuestras rebeliones, molido por nuestros pecados; el castigo de nuestra paz fue sobre él, y por su llaga fuimos nosotros curados. Todos nosotros nos descarriamos como ovejas, cada cual se apartó por su camino; mas Jehová cargó en él el pecado de todos nosotros". Isaías 53.1-6

¿Qué es el infierno? El infierno es absoluta justicia. Si alguna vez te preguntan qué es el infierno tú puedes contestar simplemente: Absoluta justicia. ¿Qué es lo que hace al infierno, infierno? Que Dios va a estar ahí ejerciendo justicia. ¿Qué es lo que hace al cielo, cielo? Que Dios va a estar ahí ejerciendo misericordia, amor, compasión y ternura.

Te recuerdo que el diablo no va a estar en el infierno picándote con un tridente, sino que va a estar ahí adentro también como prisionero junto a todos sus ángeles. No va a haber un demonio suelto, no va a haber un demonio atormentando a alguien, sino que ellos también van a ser atormentados. Va a ser la mano de Dios dándote exactamente lo que mereces. Cuando una persona rechaza a Jesucristo y lo que Él hizo por nosotros, se condena a sí misma. Es gravísimo, porque lo que está diciendo es "yo no necesito a Jesús, yo no necesito la sangre del Cordero, yo no necesito la cruz, porque yo puedo satisfacer la justicia de Dios". Jesucristo en Su santidad, y al derramar Su sangre perfecta, satisfizo la justicia de Dios. Por eso el que rechaza a Jesucristo está diciendo "yo me voy a parar delante de Dios y cara a cara le voy a exigir que me bendiga y que me deje entrar al cielo". Pero eso nunca pasará.

¿Qué pasaría si Dios Padre sacara todos los pensamientos que han pasado por tu cabeza durante toda tu vida y los transmitiera por unos parlantes gigantes para que el show comience delante de nosotros? ¿Sabes que haríamos? Nos echaríamos a correr de pura vergüenza, nos iríamos de allí para que nunca más nos volvieran a ver ninguno de aquellos que nos conocen y tampoco los que ni siquiera nos conocen.

Ahora, imagínate lo que va a pasar cuando nos enfrentemos ante la perfección absoluta, ante ese Dios de absoluta santidad. ¿Tú crees que vas a tener el coraje de sacar el pecho? ¿Crees realmente que tus rodillas no temblarán lo suficiente como para tener el valor de enfrentarte a Dios?

Imagínate cuando se abran los libros y se lean todas las obras que hicimos. Ese libro de tus obras y de mis obras, de tus pensamientos y de mis pensamientos, fueron borrados en la cruz, el mismo momento cuando tú dijiste: "perdóname Señor, límpiame con tu sangre, entra y sé mi Señor", allí mismo se borró todo. El libro quedó en blanco, y tu nombre fue escrito en el Libro de la Vida.

¿Pero qué de aquellos que todavía viven en pecado? Recuerda que un día todos compareceremos ante el Dios creador de todo el universo.

"Pero los cobardes e incrédulos, los abominables y homicidas, los fornicarios y hechiceros, los idólatras y todos los mentirosos tendrán su parte en el lago que arde con fuego y azufre, que es la muerte segunda". Apocalipsis 21.8

Si eso es para el versículo 8, imagínate qué dirá ese mismo pasaje más adelante. Continuemos leyendo el versículo 27:

"No entrará en ella ninguna cosa inmunda, o que hace abominación y mentira, sino solamente los que están inscritos en el libro de la vida del Cordero". Apocalipsis 21.27

¿Entiendes ahora por qué Jesús se llama Salvador? ¿Entiendes ahora por qué el ángel le dijo a María "le pondrás por nombre Jesús, porque Él salvará a su pueblo de sus pecados"?

Medita por un momento. Todos nosotros somos grandes pecadores, pero Jesucristo es un gran Salvador. Él llevó nuestros pecados, él llevó nuestras culpas, el pagó por todo lo que nosotros merecíamos. Sincérate contigo mismo y pregúntate lo siguiente: ¿Necesitas el día de hoy pedirle perdón a Dios?

Necesitamos poder entender la gravedad de nuestra condición. Es tiempo de que comprendamos la gravedad de nuestra condición y lo que Jesucristo pagó por nosotros en esa cruz. Las aberraciones más graves y horribles que nosotros hemos cometido fueron todas puestas sobre él.

Pidamos perdón a Dios con todo el corazón, y con esta revelación de la cruz y de la muerte de Jesucristo que acabas de leer pídele perdón. Pídele que verdaderamente entre en tu corazón y que te ayude a cambiar para que ya nunca más seas igual.

El abrazo de Dios

"Y los ojos de Israel estaban tan agravados por la vejez, que no podía ver. Les hizo, pues, acercarse a él, y él les besó y les abrazó". Génesis 48.10.

Aquí está hablando de Israel, quien ya no podía ver bien por causa de su edad. El abuelo tenía en frente a José, quien había traído a sus hijos, para que el abuelo los bendijera. Y dice que él ya estaba tan viejito que sus ojos no veían, pero le dijo "acércame a mis nietos". Así que cuando los niños estuvieron cerca él los besó y los abrazó.

"Y dijo Israel a José: No pensaba yo ver tu rostro, y he aquí Dios me ha hecho ver también a tu descendencia". Génesis

48.11

Él pensaba que ya nunca iba a poder ver a su hijo nuevamente, pero no solamente lo vio a él, sino también a sus preciosos nietos.

"Y llamó Jacob a sus hijos, y dijo: Juntaos, y os declararé lo que os ha de acontecer en los días venideros". Génesis 49.1

El toque humano es algo muy especial. Cuando me toca darle la mano a alguien a mí me gusta apretar fuerte la mano de la otra persona. También me gusta mucho dar un abrazo fuerte, de ésos abrazos "de oso", porque yo sé que en eso hay bendición, tanto para los hombres como para las mujeres.

Aunque muchos todavía dicen "Ah no, a las mujeres no". A las mujeres también me gusta darles un fuerte abrazo, limpio, sano, puro y santo. Porque yo sé que al abrazar y al apretar la mano la caricia humana te da energía, te da fortaleza para seguir viviendo, te da fuerzas para continuar con lo que estás haciendo. No sé qué pasa, pero algo se transmite que te posibilita seguir venciendo todos los obstáculos de la vida.

Si eso puede lograr una caricia o un simple toque humano, imagínate lo que puede lograr el toque o la caricia de Dios.

Y es que fuimos creados así. Todos necesitamos un abrazo. Aquí dice que Jacob abrazó a sus nietos y los besó. Todos necesitamos que alguien nos diga cosas bonitas. Todos necesitamos estímulos para seguir adelante para continuar, necesitamos alguien que venga y nos felicite porque "levanté la basura de la iglesia", "saqué la basura de mi casa", etc. Necesitamos a alguien que venga y nos diga "gracias por haberlo hecho". Son estímulos, son fortalezas, son ánimos que recibimos para continuar adelante.

La biblia dice que Dios puso en la lengua el poder de la vida o de la muerte. Con la lengua tú puede bendecir o puedes maldecir. Tristemente la sociedad en donde nosotros vivimos no sabe expresar con palabras el agradecimiento. No sé si te ha pasado que entras a un lugar público, le detienes la puerta a la otra persona que viene detrás de ti pero ésta entra y ni te ve, ni siquiera te dice "gracias" ni te ayuda diciéndote "yo la abro, gracias". Simplemente entran sin mirarte.

Cuando vas conduciendo tu coche y de pronto ves que hay otro que hace rato está esperando para ingresar. Te detienes y le das el paso, pero el otro se va como si nada. ¿Tú que estás esperando? Que por lo menos te diga "gracias" con la mano o algo así, pero nada de eso.

La verdad es que no sé qué nos pasa como raza humana, ¿dónde hemos perdido esas palabras de agradecimiento, esas actitudes y acciones de agradecimiento para con los demás? A veces pensamos: "no, si yo le doy las gracias me va a dar vergüenza" o también "para qué le voy a decir eso. No, está de más… mejor yo no". Pero necesitamos realmente esas caricias.

Cuando recibimos esas caricias con palabras, con un fuerte apretón de manos, con un abrazo firme o con palabras de agradecimiento, tenemos la tendencia a reaccionar de diferentes maneras. A veces juzgamos, evaluamos y lastimamos con nuestras palabras. A veces transmitimos miedo, diciendo: "No sabes lo que te va a pasar, vas a ver lo que te voy a hacer". Y existe gente que te empieza a amenazar, pero uno está simplemente buscando reconocimiento, uno está buscando agradecimiento y nada más.

Tenemos que aprender a soltar palabras que acaricien a otros, como por ejemplo: "qué bien te ves". ¿Alguna vez te lo dijeron? ¿Alguna vez te dijeron "qué flaca te ves" o "has adelgazado mucho?" ¿Cómo te sentiste? Pero si vienen y te dicen "qué gordo estas, qué cachetones traes", te vas al piso inmediatamente.

Entonces, necesitamos aprender a acariciar a otras personas, y tienes también que aprender a dejar que otros te acaricien a ti. No sé si ya te has dado cuenta, pero la biblia es un libro donde Dios nos abraza con Su palabra. Cuando Él viene y te dice "el que habita el abrigo del Altísimo, morará bajo la sombra del Omnipotente"; ¿qué está haciendo Dios?: Abrazándote.

Cuando viene y te dice "todo lo puedes en Cristo que te fortalece", te está abrazando, te está animando a seguir adelante. Cuando Él viene y te dice: "mira que te mando que te esfuerces y que seas valiente, como estuve con Moisés estaré contigo. Nadie te podrá hacer frente en todos los días de tu vida", mira que "yo te entrego cada lugar que pise la planta de tus pies, no se apartará de tu vida y de tu boca este libro de la ley sino que meditaras y harás conforme a todo lo que en él está porque entonces todo te saldrá bien y serás prosperado". Son caricias de parte de Dios para tu vida, son caricias celestiales.

Cuando abres Su palabra y lees lo siguiente: "El Señor Jehová es mi Pastor, nada me faltará, en lugares de delicados pastos me hará descansar, junto a aguas de reposo me pastoreará. Aunque ande en el valle de sombra de muerte no temeré mal alguno porque tú estarás conmigo, tu vara y tu callado me infunden aliento. En la casa de mi Padre moraré por largos días. Preparas mesa delante de mí en presencia de mis angustiadores". Son puras caricias, la palabra de Dios son caricias que te levantan.

Cuando Dios habló con Gedeón no vino y le dijo: "¡eh! Cobarde, miedoso, eres una porquería, no sirves para nada". No, sino que el ángel de Jehová, el mismo Dios, se encarnó, se hizo visible delante de Gedeón y le dijo: "varón esforzado y valiente, el Señor está contigo": una caricia de parte de Dios.

Hay gente a la que le cuesta trabajo recibir caricias. Mi mamá, por ejemplo, estuvo sola por 8 años en México desde que murió mi papá. Y cuando yo la traje a Córdoba, en Argentina, yo me acercaba a ella y le quería hacer una caricia, pero inmediatamente me sacaba la mano. Cuando pasas demasiado tiempo solo te vas volviendo como un ermitaño.

Y a este Gedeón le dicen: "el Señor está contigo, varón esforzado y valiente", a lo que él responde: "¡Qué va a estar conmigo! Si Él estuviera conmigo no me habría sobrevenido toda esta calamidad. Mira dónde estoy viviendo: ¡en una cueva! Soy una porquería, vengo de la peor familia, de la tribu más pequeña de Israel. No sirvo para nada".

Sin embargo Dios no se rindió, y lo siguió acariciando con sus palabras, cuando le dice: *ve con esta tu fuerza, Yo estaré contigo, tú vas a derrotar a todos los madianitas*. Y de pronto, creo que Gedeón empezó a recibir esas caricias, empezó a creerle a Dios, porque su ánimo comenzó a elevarse, venció todos sus obstáculos, obedeció al Señor y tuvo una gran victoria ese día.

Recuérdalo siempre: las palabras son caricias. O también pueden llegar a ser cuchillas. Las palabras también pueden ser ametralladoras, las palabras te pueden lastimar, te pueden herir, te pueden derribar, te pueden quitar todo el ánimo de lo que quieres hacer.

El ángel viene con María y le dice: *"María, el Señor quiere hace grandes cosas contigo y vas a engendrar al hijo de Dios"*, y le empieza a contar los planes que Dios tiene para ella. ¿Cuál fue la actitud de María al principio? Ella decía: *"¡Pero cómo va a ser eso posible, si yo no conozco varón, yo no he tenido relaciones con nadie, cómo voy a estar embarazada!"*

Entonces el ángel le dice: *"¿Acaso hay algo imposible para Dios?"* Es allí cuando María se da cuenta y le responde: *"Hágase conmigo conforme a Su palabra"*. Siempre que te acercas a Dios Él te acaricia con Sus palabras, Él te abraza.

¿Sabías que tu piel es un receptor de caricias? Tenemos en la piel más de 5 mil terminaciones nerviosas que transmiten todas sus sensaciones al cerebro. Cuando hace frío, la piel te avisa: "hace un frío espantoso", o cuando hace calor "échame aire, échame aire". La misma piel te manda agua para refrescar tu cuerpo y para refrescar tu piel, porque está levantando la temperatura. Tu cuerpo tiene que tener una temperatura de entre 37.5 y 37.8 grados centígrados, y cuando se va más arriba inmediatamente manda agua por todo tu cuerpo, empiezas a transpirar, y ése es tu aire acondicionado. Cuando la piel recibe mucho calor manda la orden e inmediatamente te refresca. Eres sensible al frío, al calor y al dolor, eres sensible cuando tocas algo y cuando eres tocado, pero también eres sensible a la tristeza, a lo que a veces ves con tus ojos. Somos sensibles.

¿Sabías tú que un bebé puede morir si no es acariciado? Hay bebés que nunca reclamaron, hay bebés que los abandonaron, nunca los acariciaron y lamentablemente se mueren por falta de contacto físico. En los orfanatorios, en los geriátricos y en los hospitales la gente muere de tristeza, muere de soledad, mueren de abandono.

Al hombre se le enseña que ser sensible es cosa de mujeres. Por años se les ha dicho: "no debes abrazar", y nos vamos haciendo totalmente insensibles a las necesidades de otras personas. A veces no abrazamos a nuestros hijos, por eso van y abrazan la droga, abrazan el alcohol, abrazan la pornografía y la prostitución, porque tienen necesidades de caricia que nadie les da.

Pero en esta ocasión me gustaría decirte que el toque sana. ¿Sabías tú que si a un hipertenso le tomas de la mano y se la aprietas no solamente le aseguras que estas ahí con él, sino que inmediatamente el pulso cardíaco desciende? Por el contrario, si le sueltas la mano, su pulso cardíaco vuelve a alterarse.

¿Sabías tú que el contacto con el padre y la madre es importantísimo para los bebés? Y no solo el contacto físico con la madre, sino también el padre. Una caricia es muy agradable, pero a veces somos muy insensibles.

Yo me acuerdo que una vez iba yo viendo cómo mi papá iba manejando su carro, cuando de la nada vi su mejilla y me dieron ganas de darle un beso. Yo tenía como seis años; así que sin temor alguno me acerqué y le di un beso en su mejilla. Inmediatamente después de haber sentido el beso, ¡pum! Mi papá me dio un codazo. Me pegó en la boca de tal manera que chorreaba sangre. Por la magnitud de aquel golpe caí sentado en el asiento de atrás, al mismo tiempo que escuchaba de sus labios: "¿Qué eres? ¿Maricón? A los hombres no se les besa".

Yo por dentro me dije: *"no soy maricón... pero él es mi papá, y yo quiero demostrar que lo amo".*

Una caricia y un beso sin malicia es algo agradable que quita la soledad, calma los dolores y fortalece tu autoestima. Hay veces que la gente está muy enferma, se sienten muy mal, pero llegas tú, les das un buen abrazo y quedan sanados. No necesitan pastillas, no necesitan tranquilizantes, necesitan un buen abrazo de alguien que les muestre cariño.

A veces al recibir un abrazo somos sanados. Cuando alguien muy querido fallece y viene alguien y te da un abrazo, sientes que a pesar del dolor estás bien acompañado. Cuando alguien viene, te da la mano y te dice: "no te preocupes, todo va a estar bien" y te la aprieta con fuerza, se convierte en un apoyo tremendo. Muchas veces, luego de algún tiempo de alabanza y adoración a Dios han venido diferentes personas a decirme: *"he sentido que alguien me daba un abrazo, pero me di vuelta y no había nadie"*, ¿quién cree que fue? Y yo sé que ése ha sido el Padre Dios abrazando a uno de Sus hijos.

El problema con los besos y los abrazos es que tenemos muchísimos inconvenientes en nuestra mente con el sexo. Pensamos que algo anda mal y que no se puede tener una relación amistosa con alguien. Yo necesito una caricia, yo necesito un abrazo, yo necesito un apretón de manos y me imagino que tú también. Todos lo necesitamos, porque así nos hizo el Señor. Pero hay gente que si dice "me dio una abrazo el Señor", los otros lo miran con cara de "¿y a éste qué bicho le picó?". Hay otros que dicen "el Señor me habló", y ahí están los insensibles que reprochan: "éste está loco, cómo le va a hablar Dios ¿Quién es éste?"

Pero mira lo que escribió Moisés en Deuteronomio 33.27

"El eterno Dios es tu refugio,
Y acá abajo los brazos eternos;
El echó de delante de ti al enemigo,
Y dijo: Destruye".
¿Te das cuenta del abrazo que está describiendo Moisés aquí? El eterno Dios es tu refugio, el es arriba tú techo, y luego dice "acá abajo los brazos eternos". Esa es la ubicación que tú y yo debemos tener, esa es la

ubicación que tú y yo debemos mantener todos los días al tener comunión con el Señor. Debemos dejar que Él sea nuestro refugio y que sus brazos enteros nos envuelvan para que nos den seguridad.

Hay tiempos difíciles, hay tiempos cuando todo se cierra, cuando parece que todo se acaba. Hay tiempos de desánimo, hay tiempos de tristeza, hay tiempos donde se te van todas la fuerzas por todo lo que está pasando a tu alrededor. Y ahí es cuando necesitas al eterno Dios, que Él sea tu refugio y que Él meta sus brazos eternos debajo de ti. En tiempos difíciles y en tiempos de tormenta, ahí es cuando tenemos que decirle al Señor "Afianza tus brazos eternos debajo de mí, Señor. Necesito sentir tu amor eterno y necesito experimentarlo", y Dios siempre lo hará si así se lo pides.

Él a veces usa gente para darte ese abrazo. A veces Él viene literalmente y lo hace. Él te manda gente para que te ame. Él manda gente que te apoya, Él manda gente a tu vida que te levanta. Son enviados del Señor. Cada vez que recibo un mensaje de mis hermanos diciendo "pastor, estuvo increíble"; "pastor, gracias"; "pastor, estoy con usted"; "pastor, vamos adelante" son como un levantón, son abrazos, son caricias de la gente pero que vienen también de parte del Señor.

Volviendo a la historia de Gedeón, veamos lo que le dijo el ángel de Jehová directamente:

"Y el ángel de Jehová se le apareció, y le dijo: Jehová está contigo, varón esforzado y valiente". Jueces 6:12

El día de hoy el Señor te dice exactamente eso: *"Jehová está contigo, varón esforzado, varona esforzada y valiente"*.

Lamentablemente hay gente que no le cree a Dios, hay personas a las cuales les cuesta trabajo creer lo que Dios ha dicho. Ellos piensan de esta manera: "sí, eso es para el pastor, pero para mí no creo. Eso se lo dijo a Gedeón, pero a mi no". Y así viven su vida, sin creerle a Dios.

Toda la vida nos han basureado, toda la vida nos han gusaneado, toda la vida nos han tirado al tacho de la basura y nos cuesta tanto trabajo creerle a Dios, y a Su palabra.

El Señor Jesucristo todo el tiempo estaba tocando a la gente, aun a los leprosos tocaba. La lepra es una enfermedad muy infecciosa que ha afectado a la humanidad entera por más de 4,000 años. Si bien hoy en día no se contagia si está debidamente tratada, en la antigüedad era incurable, vergonzosa y se podía contagiar pues en ese momento no se conocía la cura. En la mayoría de los casos llevaba a la muerte. Debido a esto la sociedad excluía a los leprosos y los agrupaba en lugares que llamaban leprosarios. Ahora bien, imagínate a un pobre leproso aislado de la sociedad y cuánto tiempo llevaría sin que nadie lo tocaba. Cuánto tiempo, desde que le salió la lepra nunca nadie más lo habrá tocado, ni mucho menos acariciado. ¿Te imaginas darle un beso a algún leproso? ¿Y qué si fuera tu esposo, tu esposa, tu hijo, tu papá o tu mamá? Yo creo que algunos ni así los tocarían, dirían nada más: "No, yo no toco a ese leproso ni loco".

Pero imagina por un momento lo que eran esos leprosarios, imagínate la miseria humana que había allí. Sin embargo, el Señor Jesucristo cuando iba por las calles tocaba a los leprosos que se le acercaban, cuando iba a los leprosarios tocaba a la gente que vivía en ellos.

Dice la biblia que en una ocasión, Jesús tomó un camino que pasaba entre la región de Samaria y la región de Galilea.

"Cuando entró en una aldea, salieron a su encuentro diez hombres que estaban enfermos de lepra. Sin embargo, se quedaron un poco lejos de Jesús y le gritaron:

—¡Jesús, Maestro, ten compasión de nosotros y sánanos!
Jesús los vio y les dijo:
—Vayan al templo, para que los sacerdotes los examinen y vean si ustedes están totalmente sanos.
Y mientras los diez hombres iban al templo, quedaron sanos. Uno de ellos, al verse sano, regresó gritando: «¡Gracias, Dios mío! ¡Muchas gracias!» Cuando llegó ante Jesús, se arrodilló hasta tocar el suelo con su frente, y le dio las gracias. Este hombre era de la región de Samaria.

Al ver eso, Jesús preguntó a sus discípulos: «¿No eran diez los que quedaron sanos? ¿Por qué sólo este extranjero volvió para dar gracias a Dios?» Luego Jesús le dijo al hombre: «¡Levántate y vete! Has quedado sano porque confiaste en mí.»" Lucas 17. 11-19 (TLA)

Solo uno regresó a darle las gracias. Cuando Jesús tocaba a la gente las tocaba con sus manos, cuando Jesús tocaba a la gente con sus palabras, Él iba a sus casas y entraba. Los fariseos lo criticaban, le decían que era un comilón, un borracho y que andaba con puros pecadores. Pero aun así el Señor Jesucristo visitaba a la gente.

A veces nos damos tantos golpes de pecho, pero no hacemos nada. Jesús les daba su amor divino, Jesús les daba valor, Jesús les daba amor real, y resulta que tú y yo nos llamamos cristianos, Cristos pequeñitos en la tierra.

Un abrazo con la mente no sirve para nada. Un buen pensamiento de "ojalá le vaya bien" tampoco sirve de mucho. Dale la mano, visítalo, abrázalo, saca tu billetera y dale dinero. Ésas sí que son caricias de parte de Dios.

A veces es muy necesario que tú también te acaricies con la mente. ¿Sabías que te puedes acariciar tú mismo con la mente? Cuando dices "algún día voy a tener ese auto que necesito" y empiezas a ver allá afuera en la calle los automóviles, cuando ves las casas bonitas y dices "un día voy a vivir en ese barrio", empiezas a acariciar tu mente con ese tipo de pensamientos.

Mira a tu familia bendecida, ve a tu familia contenta, ve a tus hijos prosperando, bien casados, ve tu negocio prosperando. Si algo inesperado te ocurrió, levanta el ánimo y di: "Empecé de cero, estoy en el fondo, pero voy a ir levantándome poco a poco en el nombre de Jesús. No me voy a quedar como estoy". Aprende a acariciarte a ti mismo con pensamientos correctos en la cabeza. Déjate abrazar por Dios en la adoración. Uno de los momentos más importantes como cristianos es cuando adoramos a Dios. Concéntrate en lo que estás diciendo, no estés tan consciente de todo a tu alrededor. A veces estás viendo todo, y por estar viendo todo no cantas, y cuando cantas tienes otras cosas en la cabeza.

Hace poco estuve en un campamento para niños que se realizó en las sierra de Córdoba. Estaban todos de pie, aplaudiendo y cantando. En ese momento estábamos cantando esa conocida canción que se llama "La única razón de mi adoración". De repente se me ocurrió algo y se los dije: "Vamos a dejar de aplaudir, siéntense todos. Cierren los ojos, y vamos a cantar solo con la guitarra y les voy a pedir que canten ustedes".

Así fue que comenzaron a cerrar los ojos y se empezó a levantar un canto como nunca había oído desde la última vez que visité las cárceles de esta ciudad. Era tan fuerte, era tan hermoso, era tan afinado que me sorprendía de esos niños tan concentrados, así que les dije: "no piensen en nada más que en lo que están diciendo", y de repente comenzaron a levantar sus manos. La presencia de Dios nos visitó en esa ocasión.

Tenemos que aprender a adorar a Dios en espíritu y verdad, aun con nuestra mente, y dejar que Él descienda y nos abrace con Su presencia. Hay mucha gente que no alaba a Dios porque tiene miedo a lo desconocido, tienen a miedo a ser lastimados nuevamente.

Mira lo que dice el Señor, para que te des cuenta lo que Él quiere contigo. Dice:

"He aquí, yo estoy a la puerta y llamo; si alguno oye mi voz y abre la puerta, entraré a él, y cenaré con él, y él conmigo". Apocalipsis 3.20

Fíjate la intimidad que Dios quiere tener contigo. Mira el tamaño de intimidad que el Dios creador de todo el Universo quiere tener con nosotros. El señor Jesucristo todos los días se le desaparecía a los discípulos, y ¿a dónde iba? A un lugar solo, a un lugar secreto, a donde Él pudiera ir y tener comunión con el Padre, a donde el Padre pudiera abrazarlo. Todos los días Jesús iba a ser abrazado por el Padre, todos los días. Por eso pudo aguantar todos los ataques de los fariseos, pudo aguantar todas las críticas, pudo aguantar que Judas lo traicionara y lo vendiera y que Pedro lo negara. Pudo aguantar todo eso, ¿sabes por qué? Porque disfrutaba el abrazo del Padre diariamente.

Y así debería ser con nosotros también, comenzar el día con el abrazo diario del Padre en la mañana. Si tú te levantas y te arrodillas junto a tu cama todo los días, y le dices "Señor…" y le cantas esa canción que cantamos "Abba Padre, Abba Padre, estar contigo es una dulce bendición. Abba Padre", te puedo asegurar que el Señor va a descender, se va a poner arriba de ti como tu refugio eterno, y va a meter Sus brazos y te va a sostener. Todos los días.

Jesús y sus discípulos llegaron a la otra orilla del lago, a la región de Gadara. Cuando Jesús bajó de la barca, le salió al encuentro un hombre de ese lugar, que tenía muchos demonios. Ese hombre no vivía en una casa, sino en el cementerio, y hacía ya mucho tiempo que andaba desnudo.

"Como los demonios lo atacaban muchas veces, la gente le ponía cadenas en las manos y en los pies, y lo mantenía vigilado. Pero él rompía las cadenas, y los demonios lo hacían huir a lugares solitarios". Lucas 8:25-28 (TLA)

Este hombre era el terror de toda esa zona. Muchas veces había sido atado con grillos y cadenas, pero las cadenas habían sido hechas pedazos por él, y desmenuzados los grillos; y nadie le podía dominar. Se hería a sí mismo con piedras. Luego dice la biblia que corrió hacia Jesús y le dijo: "¿Por qué has venido a atormentarnos antes de tiempo?" y Jesús le preguntó: "¿Cómo te llamas?" A lo que el hombre respondió diciendo: "Legión me llamo; porque somos muchos". Una legión de soldados estaba compuesta en ese entonces de 5 mil soldados. ¡Imagínate nada más todos los demonios que traía dentro!

"Y le rogaron todos los demonios, diciendo: Envíanos a los cerdos para que entremos en ellos. Y luego Jesús les dio permiso. Y saliendo aquellos espíritus inmundos, entraron en los cerdos, los cuales eran como dos mil; y el hato se precipitó en el mar por un despeñadero, y en el mar se ahogaron". Marcos 5.12-13 (TLA)

Luego de todo este sufrimiento y gracias a lo que Jesús hizo por él, este hombre quedó como nuevo. Al ver Jesús que este hombre corría hacia Él no dijo: "¡Uy, no! Un endemoniado. Yo no me meto con endemoniados. No me gusta esa onda". Imagínate que se hubiera subido de nuevo al barco y les hubiera dicho a sus discípulos: "vámonos, vámonos. Hay una energía muy negativa aquí, qué mala onda, cómo está la cosa".

De ninguna manera, sino que Jesús se tomó su tiempo para ver cuál era el problema y lo limpió. Nunca le tuvo miedo, sino que liberó a este endemoniado. Pero luego vinieron todos los habitantes de Gadara y echaron fuera a Jesús, porque les había arruinado todo el negocio con los cerdos.

Cuando sanó al paralítico que bajaron desde el techo, Jesús no dijo: "¡eh, pero cómo se les ocurre destrozar el techo de la casa de este pobre hombre!" No. Él le dijo: "tus pecados han sido perdonados. Toma tu lecho y anda". Y el ex paralítico tomó el lecho desde donde lo habían bajado y se fue caminando junto a sus amigos. Al ver esto todos los fariseos le preguntaron a Jesús: "¿Quién eres tú para perdonar pecados?".

En otra ocasión vinieron los discípulos de Juan y le echaron bronca a Jesús, preguntándole: "¿Por qué estás bautizando si nada más Juan el Bautista puede bautizar?"

Cuántas tonteras tuvo que aguantar Jesús todos los días. Me acuerdo de otra historia que relatan los evangelios, cuando Jesús le dijo a Jairo: "Tu hija no está muerta, solamente está durmiendo". Cuando los que estaban allí gritando y llorando escucharon esto, todos se burlaron de él, diciéndole: "pero si ya está muerta, por qué anda diciendo éste que no se ha muerto. ¿Qué le pasa?" Estas personas se burlaban, se reían y le echaban la bronca.

Pero como te decía, sanó a diez leprosos y solo uno regresó para darle gracias. Pedro le negó tres veces. Judas lo vendió por treinta piezas de plata. Cuando resucitó, Tomás no le creía nada. Seguramente pensaba: "¡Qué va a haber resucitado! ¡Quién le va a creer! ¡Dejen de inventar historias!".

¿Por qué crees que Jesús aguantó todo eso? Porque cada mañana tenía su abrazo del Padre, y el abrazo del Padre le daba las fuerzas para continuar. Por eso yo siempre digo: "ora en la mañana, no salgas como burro a comenzar tu día sin antes recibir lo que Dios Padre tiene para ti. Busca a Dios aunque sea un momento. Ve y abraza a Dios, y deja también que Dios te abrace. Una vez que ya te abrazó entonces sal a enfrentarte a todo el manicomio en el que vivimos.

En una ocasión estaba Jesús diciendo "voy a morir" y de repente viene la mamá de dos de sus discípulos y le dice: "mira, te voy a pedir una cosa: que mi hijito fulanito de tal se siente a tu izquierda y que fulanito de tal se siente a tu derecha, Señor. Los demás no me importan". ¿Cómo piensas tú que el Señor aguantó todo eso?

Todos los días había un loco más, un endemoniado por aquí, otro por allá. Todos los días era un problema diferente, habían dificultades. Dice la biblia que si se escribiera todo lo que Jesús hizo en esos 3 años de ministerio no cabrían todos los libros en todo el mundo para relatar todo lo que Él hizo durante esos días.

A la hora de la tormenta y cuando la barca se

zamarreaba los discípulos se desesperaron y empezaron a gritarle en la cara: "¡Nos morimos! Levántate, Señor, ¿por qué no te preocupas, no ves que perecemos?" Esta gente realmente no entendía nada. ¿Y cómo soportó Jesús todo esto? ¿Con qué aguantó Jesús todo esto? Con el abrazo diario del Padre que está en los cielos. Él sabía quién lo había abrazado, así que por eso podía vivir seguro.

Cuando tú sabes que Dios te ama de verdad no hay nadie que te pueda detener en esta vida. Cuando vives con el abrazo del Padre en tu vida sabes que nadie te va a detener. Por eso te digo: Todos los días busca el abrazo del Padre. Todos los días deja que te llene de su amor. Todos los días deja que Él te diga "yo soy tu refugio, y mis brazos eternos están debajo de ti". Aunque el mundo a tu alrededor se esté cayendo a pedazos, Él te mostrará que está contigo para levantarte y hacerte ver que todo está bien si vives cerca suyo.

"Pero tú eres nuestro padre, si bien Abraham nos ignora, e Israel no nos conoce; tú, oh Jehová, eres nuestro padre; nuestro Redentor perpetuo es tu nombre". Isaías 63.16.

Me puede olvidar mi papá, me puede olvidar mi mamá, me puede olvidar el mundo entero, pero mientras Dios sea mi Padre, todo está bien.

"Aunque mi padre y mi madre me dejaran, con todo, Jehová me recogerá". Salmos 27:10

Aunque el mundo se olvide de mí y me abandonen, si él me recoge, yo estoy bien. Él me adoptará como hijo suyo.

Y por último, leamos lo siguiente:

"Amados, amémonos unos a otros; porque el amor es de Dios. Todo aquel que ama, es nacido de Dios, y conoce a Dios. El que no ama, no ha conocido a Dios; porque Dios es amor. En esto se mostró el amor de Dios para con nosotros, en que Dios envió a su Hijo unigénito al mundo, para que vivamos por él.

En esto consiste el amor: no en que nosotros hayamos amado a Dios, sino en que él nos amó a nosotros, y envió a su Hijo en propiciación por nuestros pecados. Amados, si Dios nos ha amado así, debemos también nosotros amarnos unos a otros. Nadie ha visto jamás a Dios. Si nos amamos unos a otros, Dios permanece en nosotros, y su amor se ha perfeccionado en nosotros.

En esto conocemos que permanecemos en él, y él en nosotros, en que nos ha dado de su Espíritu. Y nosotros hemos visto y testificamos que el Padre ha enviado al Hijo, el Salvador del mundo. Todo aquel que confiese que Jesús es el Hijo de Dios, Dios permanece en él, y él en Dios. Y nosotros hemos conocido y creído el amor que Dios tiene para con nosotros.

Dios es amor; y el que permanece en amor, permanece en Dios, y Dios en él. En esto se ha perfeccionado el amor en nosotros, para que tengamos confianza en el día del juicio; pues como él es, así somos nosotros en este mundo. En el amor no hay temor, sino que el perfecto amor echa fuera el temor; porque el temor lleva en sí castigo. De donde el que teme, no ha sido perfeccionado en el amor. Nosotros le amamos a él, porque él nos amó primero.

Si alguno dice: Yo amo a Dios, y aborrece a su hermano, es mentiroso. Pues el que no ama a su hermano a quien ha visto, ¿cómo puede amar a Dios a quien no ha visto? Y nosotros tenemos este mandamiento de él: El que ama a Dios, ame también a su hermano". 1 Juan 4.7-21

Dime tú si estas palabras no son caricias de parte de Dios. Pídele al Señor que te abrace y te acaricie en este momento.

Señor, necesito de tu toque, necesito tus caricias. Te necesito, Señor, necesito tu toque divino en mi vida. El día de hoy te pido que desciendas a mi vida y me toques. Necesito tu ternura, necesito tus caricias para poder continuar. Muéstrame que mi vida está segura en Ti.

Si puedes, en el lugar donde estás leyendo este libro eleva una canción de gratitud al Señor. Cada vez que le cantamos, nosotros lo acariciamos. Él también necesita tus caricias, Él te hizo con esa capacidad de acariciarlo. Así que levanta tu voz y ríndele tu vida entera. Él

Deja que el Señor descienda, permite que Él ponga Sus brazos eternos debajo de ti y te cubra como tu refugio. Tu vida siempre estará segura mientras Él sea tu refugio y Sus brazos eternos estén debajo de ti, cuidándote, protegiéndote, cargándote, supliéndote y sanándote.

Todas las mañanas sin falta busca a Dios, busca su abrazo, busca su caricia, busca su protección y entonces ve luego para enfrentarte al mundo en el que vivimos. Cuando no lo hacemos, cada dolor, cada dardo, cada herida, cada palabra mala que los demás te envíen va a penetrar y te va a herir. Si no estás protegido bajo los brazos amorosos de Dios, las acciones de otros te van a herir, por eso guárdate y protégete todos los días recibiendo de sus caricias y disfrutando el abrazo consolador de Dios. Así aguantó Jesús, y si Él lo necesitó, cuánto más nosotros lo necesitamos. Busca el refugio del Señor.

Voces que dañan

Desde el día en que nacimos empezamos a cambiar. Todos los días vamos cambiando y a eso se le llama crecimiento. Vamos transformándonos y todo a nuestro alrededor va cambiando. Son tiempos de transición, pues vamos pasando de un nivel a otro y ya no hay forma de retroceder.

De bebé pasas a ser niño, de niño a preadolescente, de preadolescente a adolescente, de adolescente a joven, de joven a adulto, de adulto a anciano y la más grande transición ocurre cuando morimos. Esto es así porque viene el Señor a nuestra vida y nos glorifica, nos da de su gloria, nos da cuerpos nuevos para que podamos vivir en la atmosfera que Él vive, en la eternidad.

El crecimiento es muy importante, y Dios desea que crezcamos todos los días. Pero no podemos permitir que nadie detenga nuestro crecimiento, ya que el propósito de Dios es que avancemos en la vida, y para que nadie pueda detener nuestro crecimiento necesitamos aprender a no oír voces que nos dañan y que dañan a otros.

No sé por qué tenemos la tendencia a hablar mal de éste o aquel y de criticar a ésa y a la otra. No sé cuál es nuestro afán al hacer esto, y tristemente lo digo: todos somos culpables de hacerlo. Normalmente encuentras a una persona débil en su interior y ya empiezas a hablar mal de otros, y a esos hermanos débiles los corrompes, les perviertes el alma, los corrompes moralmente, los desenfocas de la vida, los de su crecimiento y se producen así daños muy fuertes.

O a veces vienen y te dicen: "esto te lo doy como consejo, no quería decírtelo"… pero te lo dicen, y andan por ahí hablando de otros "porque en realidad quiero que sepas la verdad de esta otra persona". Y aparentemente tienen razón, supuestamente la crítica o el consejo son buenos, pero Dios nunca va a estar presente en esas situaciones. Estas personas que vienen y hablan mal dañan el alma, separan a otras personas y desgraciadamente nos separan también de Dios.

Hay algo que se llama chisme. ¿Qué es el chisme? Es la necesidad interna de espiar la vida ajena. Venimos a la iglesia para conocer a Dios y también para recibir de Él todo lo que desea darnos. La iglesia es como la estación de servicio o la gasolinera de tu barrio: los automóviles se detienen frente a los surtidores, les llenan el tanque y pueden andar y andar. Luego de tantos kilómetros, cuando el marcador indica que el tanque está casi vacío vuelven otra vez a la estación para llenar su tanque nuevamente.

Y la iglesia vendría a ser una estación de servicio espiritual, donde tú y yo venimos para que nos llenen el tanque. Es allí donde el Señor nos llena con su presencia. Es allí donde derrama más sobre nosotros, y donde nos llena con su gloria.

Pero, ¿para qué nos llenamos de la presencia de Dios? Nos llenamos de la presencia de Dios para que Él, Sus características y Su imagen sean impresas en nosotros; y para que Él nos ayude a controlar nuestra vida, nuestras emociones, nuestras intenciones, actitudes y toda nuestra forma de ser.

Si yo voy a la iglesia y me lleno del Espíritu Santo y sigo igual, algo está muy mal. Volviendo al ejemplo de los automóviles y la gasolinera, sería como si tuviera un hoyo en el tanque: doy tres pasos y ya se me vació el tanque. Al vivir de esta manera la presencia de Dios ya no controla mi vida, la voluntad de Dios y Su palabra no tienen nada que ver con mi vida. Entonces, cuando el Espíritu de Dios no está al control de nuestras vidas como seres humanos nos podemos convertir en verdaderos títeres de aquellas personas que hablan mal de otros e intentan controlarlos, y yo no quiero ser el títere de absolutamente nadie, ni quiero tener mis propios títeres, ni tampoco deseo controlarle la vida a nadie.

Cuando el Espíritu Santo controla nuestras vidas, verdaderamente dejamos de hablar de otros, detenemos el chisme y todas esas cosas porque entendemos que eso no es para nosotros. La mayoría de los cristianos se asustan ante un adúltero, un fornicario, un mentiroso, o un engañador. Del homosexualismo y del aborto dicen "Dios me libre", se persignan, se dan golpes de pecho, piensan "¿robar, matar?, ¡no! Qué barbaridad". Y así debe de ser, esas cosas están muy mal, Dios dice que no debemos hacer esas cosas, los que las hacen no heredarán el reino de los cielos. 1° Corintios 6: 9-10 lo dice:

"¿No sabéis que los injustos no heredarán el reino de Dios? No erréis; ni los fornicarios, ni los idólatras, ni los adúlteros, ni los afeminados, ni los que se echan con varones, ni los ladrones, ni los avaros, ni los borrachos, ni los maldicientes, ni los estafadores, heredarán el reino de Dios".

Pero pareciera que el chisme como que está bien, como

que no es tan grave, y se piensa que no es tan peligroso como los pecados mencionados anteriormente. "Bueno, yo no soy un adúltero", te dicen, "pero necesito platicar lo que pasó con esta persona", y allí te sueltan toda la sopa, y te embarran y te corrompen.

El chisme está muy entretejido entre nosotros como raza humana, está tan arraigado en el sistema humano que a veces me parece que no nos damos cuenta de la gravedad que tiene esta práctica. No eres adúltero, ni homosexual, ni fornicario, no estás abortando, ¡pero eres un chismoso empedernido!

No nos damos cuenta de la gravedad de esta actividad que destruye individuos, desmorona familias, desintegra matrimonios, y echa por tierra a las iglesias, ¡dime tú si no es gravísimo también! ¿Sabes por qué las personas somos chismosas? Porque estamos ociosos, es decir, sin nada que hacer. En Argentina se dice "estar al vicio", y cuando no tienes nada que hacer te comienzas a meter en la vida otros y a investigar la vida privada de los demás.

Yo quiero atreverme a decir una cosa: cada individuo tiene una vida y esa vida es sagrada, y nadie tiene derecho a meterse en mi vida o en tu vida. Ni Dios se mete, ¿quiénes somos nosotros para hacer tal cosa? ¿Por qué alguien es chismoso? Porque no tiene nada que hacer y va de casa en casa, de SMS a SMS, contaminando a todos los débiles de carácter, a todos los nuevos o todos los ingenuos.

La palabra chisme viene del griego "Pularos", que significa murmurar, parlotear en contra de alguien, ir y atacar la integridad de otra persona que no tiene la posibilidad de defenderse porque no está presente. Parlotear significa hablar demasiado, sin ningún tipo de sentido y sin ninguna sustancia, sin contenido. "Pularos" es andar de persona en persona poniendo unos contra otros. Si somos personas chismosas que van de un lugar a otro sembrando discordia, sembrando diferencias entre las personas hasta lograr que se peleen, hasta lograr divisiones, hasta lograr que se levante una pared para que digan nunca jamás vuelvo a ver a esa persona, ni hablarle jamás, ni en el cielo lo voy a ver, ¡dudo que así entremos al cielo! Muchos en la iglesia andan condenando los pecados de otros, pero traen arrastrando una lengua de tres metros, tan larga que vas por la calle y te la pisan los taxis, los colectivos, las bicicletas y todas las demás personas. Esta clase de gente condenan el pecado pero andan hablando de lo lindo.

El rey Salomón habla mucho de este tema y espero que nos haga reflexionar. Hace unas semanas vi algo que me llamo la atención en estos versículos, mira lo que dice:

"Seis cosas aborrece Jehová, y aun siete abomina su alma: los ojos altivos, la lengua mentirosa, las manos derramadoras de sangre

inocente, el corazón que maquina pensamientos inicuos, los pies presurosos para correr al mal, el testigo falso que habla mentiras, y el que siembra discordia entre hermanos". Proverbios 6:16

Seis cosas ABORRECE y aun ABOMINA su alma:

1. Los ojos altivos, esos que ven de arriba a abajo al otro. Son esos que te "escanean" de arriba hacia abajo pensando: "no es de mi condición, no es de mi color, no vienen de Italia y yo sí, son aborígenes, y bla bla".

2. La lengua mentirosa.

3. Las manos derramadoras de sangre inocente. Y esto incluye el chisme, porque derrama sangre inocente.

4. El corazón que maquina pensamientos inicuos. "Inicuo" quiere decir "sin ley", es decir, estar constantemente violando la ley de Dios, la ley de los hombres, la ley de la moralidad, todo tipo de ley, maquinando pensamientos inicuos.

5. Los pies presurosos para correr al mal. El día de hoy hay una tendencia a tentar al otro para que corra hacia el mal, vamos al boliche, a tomar, a drogarnos, vamos a esto, a aquello, apresura los pies al mal. Ten cuidado que tus pies no anden corriendo para eso.

Y el versículo 19 sigue diciendo el "testigo falso que habla mentiras". Cuántos chismes son mentira. Cuántos chismes que se hablan no tienen fundamentos: nunca lo viste, nunca viste una foto, o un video, nunca viste una grabación. No tienes ningún tipo de prueba, pero tú pasas el chisme como una verdad absoluta. En este pasaje leemos que dice "el testigo falso que habla mentiras": ¿Te ha pasado que han hablado mal de ti y por dentro dices "eso no es cierto"? ¿Te ha pasado?

Pero aunque es una verdad establecida según la otra persona el daño que se provoca no tiene límites. Finalmente el versículo 16 de Proverbios capítulo 6 dice que lo que abomina el alma de Dios es el que siembra discordia entre hermanos. ¿Qué significa esto? Discordia es cuando no hay armonía, cuando alguien se levanta y habla mal de ti sembrando desacuerdos. Esto rompe la armonía, como cuando a veces yo rompo la armonía cuando canto, porque canto en otro tono, o digo otra cosa, o entro antes de tiempo; o como si los músicos metieran otra nota, todo eso hace que se rompa la armonía. Lo mismo pasa con es el chisme y la palabra de Dios dice que Él aborrece esto.

La palabra aborrecer es un odio superlativo. Dios lo odia, lo aborrece, lo detesta, lo condena, lo abomina. Quiero dejar bien en claro que todo aquel que anda en chismes anda con la naturaleza satánica. Y sé que algunos van a decir "¡qué exagerado!", pero es muy grave.

Fíjate que la palabra diablo viene del griego "Diábolos" y significa el calumniador, el que habla de otros diciendo mentiras. Un calumniador es también un chismoso, pues la palabra también quiere decir acusador, aquel que lanza dardos a la mente de otros para hacerlos pelear entre sí. Esta palabra significa también división. ¿Será el chisme satánico o no? En Apocalipsis 12:10 mira cómo el escritor le llama al mismo Satanás, el versículo dice:

"Entonces oí una gran voz en el cielo, que decía: Ahora ha venido la salvación, el poder, y el reino de nuestro Dios, y la autoridad de su Cristo; porque ha sido lanzado fuera el acusador de nuestros hermanos, el que los acusaba delante de nuestro Dios día y noche". Apocalipsis 12:10

¿Cuándo dice que vino la salvación, el poder, el reino de Dios y la autoridad de Cristo sobre nosotros? Cuando fue lanzado fuera el chismoso, el acusador de nuestros hermanos, el que los acusaba delante de nuestro Dios día y noche, y el versículo 11 dice:

"Y ellos le han vencido por medio de la sangre del Cordero y de la palabra del testimonio de ellos, y menospreciaron sus vidas hasta la muerte". Apocalipsis 12.11

Entonces, ¿quién es el acusador? El mismo diablo y Satanás, por lo cual todo aquel que anda promoviendo, provocando e inventando chismes está caminando en la misma naturaleza satánica que el diablo. Y dice aquí que Satanás fue lanzado al lago de fuego, eso me dice que no solo los adúlteros, los fornicarios, los hechiceros y los mentirosos serán lanzados al lago de fuego, sino también los chismosos, ¿por qué? Porque están en el mismísimo ministerio de Satanás, ¿cuál es ese ministerio? Juan 10:10 dice:

"El ladrón no viene sino para hurtar y matar y destruir; yo he venido para que tengan vida, y para que la tengan en abundancia".

Cuando el ladrón llega, se dedica a robar, matar y destruir, ése es el ministerio del diablo. Pero mira qué diferente es el ministerio de Jesús, Él dice: "Yo he venido para que todos ustedes tengan vida, y para que la vivan plenamente". El mismo estilo de vida de Dios es el mismo estilo que tú y yo debemos llevar. Ya que somos cristianos, lavados por la sangre del Cordero, y ya que hemos sido llenados por el Espíritu Santo, tenemos que llevar el mismo estilo de vida de Dios, pero la pregunta es: ¿cuándo vamos a tener este mismo estilo de vida?

Cuando tú andas en chisme lo que estás haciendo es promover y extender el ministerio del diablo en toda la tierra. Fíjate si no lo que dice el libro de Proverbios:

"Sin leña se apaga el fuego, Y donde no hay chismoso, cesa la contienda". Proverbios 26.20

En otras palabras: El fuego se apaga si no se le echa más leña, y el pleito se termina si no siguen los chismes. Deja de echarle leña y se apaga, y donde no hay chismoso se acaba el pleito, cesa la contienda. Ahora vamos al versículo 22 que dice:

"Las palabras del chismoso son como bocados suaves, y penetran hasta las entrañas". Proverbios 26.22

El chismoso es influenciado por Satanás, ¿cómo? Con pensamientos que Satanás le manda a esta persona, esta persona distribuye el chisme y empieza a provocar peleas, divisiones, malestares y hasta insomnio. Cuántas personas hay que no pueden dormir de noche cuando han oído lo que otros han dicho de ellos. Toda la ansiedad y la preocupación que esto genera hace que les des el control de tu vida. Ellos, influenciados por el mismo diablo, te controlan, te prenden, te apagan, te cambian de canal, te suben o bajan el volumen. Y empiezan las divisiones, los malestares, y enseguida viene una cosa terrible: el desánimo. Cuando algo así te sucede, ¿qué es lo primero que dices? Ya no voy a ir a esa iglesia, me voy de la casa, me voy del matrimonio, me voy del país, me voy del mundo, ¡es terrible!

Hay gente que distribuye los chismes por celos, porque alguien no le hizo caso, porque no le llevo el apunte, porque no caminó con lo que él o ella quería y distribuyó mentiras. Este tipo de personas son las que dicen: "ahora me las va a pagar, porque me hizo sufrir y yo lo voy a hacer sufrir a él". A estas personas les gusta ver a otros sufrir y pelearse entre sí mismos, todo esto se va moviendo con un espíritu de encantamiento y de brujería.

El chismoso nunca va a venir contigo de manera violenta, sino que se acercará a ti con una actitud de admiración. Te dirá: "te admiro, qué bien te ves, qué bonita estás, qué joven te ves", y te vienen con toda esa zalamería. Te dicen lo que a ti te gusta oír, y una vez que te levantaron y te tienen allá arriba, te tiran el chisme diciéndote: "te lo cuento a ti porque eres de los pocos que puede entender, te lo cuento porque está pasando en mi casa y también está pasando en la iglesia, y te lo comento porque somos amigos desde hace ya dos semanas!"

Y aunque esto pueda parecer gracioso no es para reírse. Esto realmente es para sentarse a llorar, porque significa que un espíritu de encantamiento, de hechicería, de chisme, de división, de soberbia y de orgullo se está moviendo entre la Iglesia. Por eso necesitas ponerle un alto a todo esto, porque si no paramos esta actividad maldiciente se seguirán destruyendo más y más relaciones entre hermanos y hermanas en Cristo. Eso es lo que quiere el diablo, pero lo que Dios quiere es enviar su poder, enviar su autoridad y Su Espíritu Santo para que tú y yo vivamos en santidad, para que aprendamos a controlar la lengua, recogerla de todas las cuadras que la traes colgando y meterla adentro para ya nunca más permitir que salga de tu boca nada que pueda herir a los demás. Dios quiere derramar en ti Su presencia para que tampoco te apures en escuchar lo que no te conviene, para que no oigas murmuraciones ni calumnias. Nada de que "te lo cuento porque eres mi amigo, si eres mi amigo del alma no cuentes nada, porque te quiero te digo esto, etc." Si tu amigo realmente te admira y te valora como tal, entonces no dejará que te eches a perder ni que te corrompas. Si realmente te aprecia sabrá cuándo callarse la boca.

Recuerda también que todos los días se levantan bomberos que vienen a tu vida a tratar de apagar el fuego que hay en tu corazón. Tenemos que aprender a reconocer los bomberos del diablo, y a decir "nada, nada, nada podrá apagar este fuego por Dios que hay en mi corazón".

Dios es una realidad en nuestra vida, Él es más real que este mundo, es más real que el sol, es más real que la luna. Dios es real en nuestros corazones. Todos los días hay algo o alguien que va a venir a apagarte, a tratar de alejarte e intentará desanimarte. A veces nosotros lo provocamos, a veces otros lo producen, pero de una o de otra forma tenemos que aprender a sobreponernos y seguir adelante en la vida. No hay otra, tengo que seguir adelante. Metas la pata o no. Tenemos que seguir adelante en las cosas del Señor, porque no hay otra cosa, no sabemos hacer otra cosa, no servimos para ninguna otra cosa mas que para conocer a Dios, amarlo, servirlo y obedecerlo con todas las fuerzas de nuestro ser.

Me gusta mucho esa canción que dice "nada podrá apagar este amor". Él es la luz de nuestra vida. No un hombre, ni mi prójimo, no tampoco mi automóvil. La luz de mi vida no es mi dinero, ni mi casa, ni tampoco nada de este mundo, pues ninguna de esas cosas me puede alumbrar como el Señor. Así que levanta tu vida y preséntasela al Señor y dile "luz de mi vida, aliento en mi ser, tu amor me consume, es fuego en mi ser. Nada podrá apagar este amor, luz de mi vida eres Tú".

A mí me impresiona la vida de Daniel. Él era jovencito, pero tomó una decisión muy importante que marcaría un antes y un después en su vida.

"Y Daniel propuso en su corazón no contaminarse con la porción de la comida del rey, ni con el vino que él bebía; pidió, por tanto, al jefe de los eunucos que no se le obligase a contaminarse". Daniel 1:8

La frase clave aquí es "Propuso en su corazón", y yo le pido a Dios que al terminar de leer este capítulo puedas levantarte con esa misma propuesta en tu corazón y decir: no me voy a contaminar, no voy a contaminar a nadie ni dejar que nadie me contamine a mí. Propone en tu corazón no contaminarte con este espíritu satánico, el cual es un espíritu diabólico de control y de encantamiento.

Recuerdo que una vez vi a una víbora grandísima tener a un conejito totalmente hipnotizado antes de devorarlo. La víbora tiene esa propiedad, encanta a sus víctimas. El conejo fácilmente podría haber corrido hacia un costado huyendo, pues es mucho más rápido que la serpiente, pero no lo hacía. Y lo peor de todo era que gritaba. Me acuerdo que en esa ocasión yo estaba con otra persona, y al oír esos gritos tomamos una pala y fuimos a ver qué estaba ocurriendo. Cuando llegamos y vimos la escena, los dos animales ni cuenta se dieron de que llegamos, pero a los pocos minutos de haber llegado, la víbora metió su boca en la cabeza del conejo, abarcándolo por completo, y ¡se lo empezó a tragar!

A esa víbora le empezó a llover palas en la cabeza, yo creo que nunca supo de dónde venían los palazos, pero conseguimos que suelte al conejito. Así que lo tomé en mis manos con todo el asco del mundo, pues estaba mojado, lo llevé a mi casa, lo lavamos muy suavemente, lo pusimos en un cajoncito, pero seguía hipnotizado. Luego de dos semanas seguía en la misma condición, no comía nada y se estaba muriendo, hasta que un día vi cuando volvió en sí y tomó agua, comió su zanahoria y poco a poco se fue recuperando. Al cabo de unos días, cuando ya se puso mejor, lo solté en el campo.

Lo mismo pasa con el murmurador y el hablador. Es impresionante el poder de encantamiento del chismoso, porque todos quedan encantados delante de él, hipnotizados con su palabrería hasta que con esa misma zalamería te mata de un bocado.

¿Qué sigue diciendo la biblia acerca del chismoso?

"Todos ellos son rebeldes, porfiados, andan chismeando; son bronce y hierro; todos ellos son corruptores". Jeremías 6:28

¿Qué quiere decir porfiados? Quiere decir necio, terco, duro de cerviz. La palabra de Dios dice "son bronce y hierro", esto quiere decir inquebrantables. Dice también que los chismosos son corruptores, aparentan ser honestos, pero en realidad son unos corruptos.

Lo que acabas de leer es lo que piensa Dios de estos espíritus, todos son corruptores. Yo no quiero ser corruptor ¿y tú? Yo no quiero ser de hierro y de bronce, no deseo corromper moralmente como ellos lo hacen. Los chismosos no tiene ningún código de honor, no tienen ningún principio por medio del cual guiar sus vidas, sino que corrompen a todos los que se prestan, a todos lo que los oyen y a todos los débiles. Son peleadores, causantes de división y siempre terminan solos. Cuando la gente se da cuenta de que simplemente se dedican a esparcir chismes, la gente se aleja de ellos.

"El hombre malo, el hombre depravado, es el que anda en perversidad de boca; que guiña los ojos, que habla con los pies, que hace señas con los dedos. Perversidades hay en su corazón; anda pensando el mal en todo tiempo; siembra las discordias. Por tanto, su calamidad vendrá de repente; súbitamente será quebrantado, y no habrá remedio". Proverbios 6:12-15

Todo aquel que anda en chismes es un enfermo del alma, es un celoso y es un envidioso, porque éstas son enfermedades del alma. Una persona chismosa tiene problemas con sus sentimientos, tiene problemas con sus emociones, su vida entera es un desconcierto, su matrimonio es un caos, y toda su vida es confusión y desorden.

En el versículo 15 habla de cuándo vendrá su fin: *"no habrá remedio, no habrá medicina, no habrá solución para lo que se les viene encima"*.

Otra versión de este pasaje dice: *"la desgracia vendrá sobre ellos de repente; cuando menos lo esperen, serán destruidos sin remedio"*. Proverbios 6:15 (TLA)

Yo no quiero asustarte, pero lo que sí quiero es generar el temor de Dios en tu vida. Deberíamos temer al Señor, honrarlo, respetar a Dios y su palabra. Deberíamos escuchar y poner en práctica lo que Él nos está diciendo de todas estas actitudes aterradoras y destructoras que hay en todos nosotros. Yo creo que si tú y yo estamos leyendo este mensaje es porque Dios está todavía extendiendo su misericordia. Si estamos vivos significa que no ha venido de repente nuestra destrucción, porque bien que la merecíamos, ¿o no? Porque somos muy chismosos, muy metidos, y muchas veces no agradamos a Dios con nuestra vida. Así que si todavía estamos aquí quiere decir que Dios está extendiéndonos hoy su misericordia, su gracia, su perdón y una oportunidad más, y no sé tú pero yo la quiero tomar: No quiero seguir con este espíritu en el nombre de Jesús.

El versículo 15 habla de que la calamidad vendrá de repente, la palabra de repente quiere decir cuando menos lo piensas. Cuando menos lo estás esperando llega Dios, te pone un alto y te lleva a dar cuenta por tus perversiones. En ese momento tal vez digas: "pero yo no soy adúltero". Tal vez no lo seas, pero sí que eres un chismoso empedernido.

Nosotros siendo cristianos podemos practicar el chisme y podemos creer que estamos bien porque hemos ayudado a otros a conocer al Señor, podemos creer que estamos a salvo, que no nos va a pasar absolutamente nada porque no estamos en esa lista de fornicarios, hechiceros, borrachos, etc., pero el problema radica en que sí estás en la otra lista, en la que acabamos de leer en el libro de Proverbios.

Por eso Dios nos está previniendo a todos nosotros, porque si no cambiamos nuestra forma de ser, de repente se van a venir las consecuencias, y sentirás que la desgracia te golpea cuando menos lo esperas.

Quiero invitarte a que dejes de ser ligero para juzgar, para señalar, calumniar y acusar a otros. Cuando estás haciendo alguna de las cosas mencionadas anteriormente eso me dice una cosa: que estás en el ocio total. Es decir, no estás ocupado en nada, no tienes trabajo o nada en que ocuparte más que andar haciendo llamaditas, enviar mensajitos de texto, revisar el facebook y toda esa porquería de redes sociales que existe el día de hoy. La realidad es que en esas redes es donde Satanás te ha atrapado.

Te quiero invitar a que abandones esa ligereza de condenar, que empieces a tener un poco más de temor de Dios. Recuerda que no es el diablo el que te va a meter en el infierno, no son sus ángeles ni tampoco los principados y potestades. Es Dios el que va a dictaminar tu final, tu destino y tu condenación eterna.

Ahora bien ¿cómo me libro del chismoso? Fácil: no lo escuches. Ponle un alto cuando venga y empiece con el chisme. Cuando te empiece a inflar con su zalamería acuérdate, están a punto de darte un chisme.

Si todavía necesitas saber por qué son peligrosos los chismosos para que dejes de escucharlos, déjame decirte por qué: Porque hoy hablan mal de otros, pero mañana van a hablar mal de ti. Es más, ese mismo día, cuando digas no quiero oír nada, ese día saldrán a hablar mal de ti. Así que prepárate, no los escuches.

No te juntes con chismosos, porque te van a derrumbar a ti y a las personas que tú conoces, al pastor, a los músicos y a la congregación entera. El chisme derrumba tu fe en Dios y en la gente, el chisme hace que pierdas las bendiciones que Dios tiene para tu vida, y corta la comunicación con la gente, pues te corta relaciones entre tú y otras personas. Ten cuidado lo que hablas con gente chismosa, porque como dice la policía: "todo lo que digas será usado en tu contra".

"El que anda en chismes descubre el secreto; no te entremetas, pues, con el suelto de lengua". Proverbios 20:19

Ten cuidado lo que hablas con los chismosos, porque ellos van a terminar crucificándote con la información que tú les proporcionaste. Recuerda que El que habla mucho no sabe guardar secretos.

¿Sabías que Jesús se enfrentó a un chismoso? Mira lo que dice el evangelio de Juan. Aquí le está hablando a Pedro y dice:

"De cierto, de cierto te digo: Cuando eras más joven, te ceñías, e ibas a donde querías; mas cuando ya seas viejo, extenderás tus manos, y te ceñirá otro, y te llevará a donde no quieras. Esto dijo, dando a entender con qué muerte había de glorificar a Dios. Y dicho esto, añadió: Sígueme. Volviéndose Pedro, vio que les seguía el discípulo a quien amaba Jesús, el mismo que en la cena se había recostado al lado de él, y le había dicho: Señor, ¿quién es el que te ha de entregar? Cuando Pedro le vio, dijo a Jesús: Señor, ¿y qué de éste? Jesús le dijo: Si quiero que él quede hasta que yo venga, ¿qué a ti? Sígueme tú". Juan 21:18-22

Pedro le pregunta "¿qué hay de éste?" refiriéndose a Juan, el discípulo a quien Jesús amaba, pero Jesús le dice: "tú sígueme, a ti que te importa, tú haz mi voluntad, deja a los otros tranquilos, no te metas en lo que no te importa, ¿qué a ti?" Esta es la mejor respuesta al chisme, ¿qué hizo Jesús? Cortó el chisme de raíz, porque si nada mas le cortas de arriba algunas hojas sigue saliendo y sigue brotando.

Yo quiero atreverme a decirte que viene una gran bendición a tu vida, vienen cosas extraordinarias, seguirás creciendo en el conocimiento de Dios y en la revelación de Su palabra, pero tienes que cortar de raíz al chismoso que hay dentro de ti. Córtalo de raíz como hizo el Señor, porque si no lo haces te perderás todas las bendiciones que Dios tiene planeadas para ti, por no aprender a reconocer el chisme y a rechazarlo de tu vida.

La luz del mundo

"Otra vez Jesús les habló, diciendo: Yo soy la luz del mundo; el que me sigue, no andará en tinieblas, sino que tendrá la luz de la vida". Juan 8:12

Cuando no conocía a Dios y empecé a leer los evangelios, una de las cosas que más me impactó era la firmeza con la que el Señor Jesús hablaba. Todo el mundo habla de que se cree tal o cual cosa, se supone esto o aquello, todos dicen ojalá, esperemos que, etc. Siempre hay una incertidumbre en las palabras de los hombres, pero en las palabras del Señor Jesús siempre hubo una seguridad impactante, por eso a cada rato Él decía "de cierto de cierto os digo". No salió con que "bueno, esperemos, a ver si sucede, etc." Él nunca utilizó esas frases inciertas para hablar, sino que siempre habló con una firmeza extraordinaria.

"Yo soy la luz del mundo", dice Jesús. No dice "espero ser una luz para ustedes", ¡no! Él dice *"Yo soy la luz del mundo; el que me sigue, no andará en tinieblas, sino que tendrá la luz de la vida"*. ¡Qué increíble!

Con una persona que puede hablar de esta manera con seguridad la gente dice: "a este lo sigo hasta el día que me muera, ¡no lo suelto ni de lo loco!" La firmeza, la seguridad con la que siempre habló debe de impactar en tu vida. Él nunca tuvo ningún tipo de vergüenza, ningún tipo de humildad o falsa humildad sino que el Señor siempre habló de sí mismo diciendo: "Yo soy la luz que alumbra a todos los que viven en este mundo. Síganme y no caminarán en la oscuridad, pues tendrán la luz que les da vida."

Todo lo que Él decía no es de sorprender, porque es todo lo que Él era, Él es el hijo de Dios, es la resurrección y la vida, Él es la puerta, el que por Él entre será salvo, es el pan de vida, el buen pastor, y que Él dijera esto no es lo que sorprende porque es lo que era, pero lo que mas sorprende es lo que dijo de nosotros:

"Vosotros sois la luz del mundo; una ciudad asentada sobre un monte no se puede esconder. Ni se enciende una luz y se pone debajo de un almud, sino sobre el candelero, y alumbra a todos los que están en casa. Así alumbre vuestra luz delante de los hombres, para que vean vuestras buenas obras, y glorifiquen a vuestro Padre que está en los cielos". Mateo 5:14-16

En este pasaje Él cambia las cosas y te echa a ti la responsabilidad, diciendo *"Vosotros sois la luz del mundo".* ¡Qué responsabilidad! Jesús no te está exhortando a ver si brillas, no está diciendo yo soy la luz del mundo y ustedes traten por favor de reflejar un poquito lo que yo soy. ¡No dice eso!

Él no solamente dice "Yo soy la luz del mundo", sino que también declara "vosotros sois la luz de este mundo", ¡imagínate nada más la responsabilidad! Así que sea que tú estés debajo de un almud, o escondido no sé dónde o no sé qué estés haciendo, Jesús dijo que eres la luz de este mundo. Alumbres o no, brilles o no, estés escondido o no, hagas lo que hagas, estés donde estés, tú eres la luz del mundo, así la estés ocultando, lo eres, ¡porque Jesús lo dijo!

Hay una nueva vida divina plantada dentro de ti. El día que tú aceptaste a Jesucristo como tu Señor y Salvador te convertiste en la luz del mundo. Y déjame decirte que esto es algo terriblemente extraño para el mundo que nos rodea, porque el mundo no conoce la luz que tú tienes. La luz fue diseñada para alumbrar a la humanidad, para mostrar las tinieblas pesadas y gruesas en las que está viviendo la raza humana.

El versículo 16 dice: "Así alumbre vuestra luz delante de los hombres". Tenemos un mandamiento de parte del Señor, una responsabilidad ante toda la raza humana: ¡alumbrarlos! Quiero que entendamos una cosa, por muchos años se nos ha dicho "no te vayas al mundo, ¡qué feo el mundo!, el mundo no, ¿el mundo? qué asco, alejémonos del mundo", pero, ¿a dónde nos vamos a ir, a Marte, a la Luna?

El Señor no quiere que nos vayamos del mundo, cuando habla del mundo no habla del planeta tierra, sino del sistema que gobierna a la raza humana. Pero si nos alejamos del mundo y nos escondemos de toda esa gente, como algunas religiones que se recluyen del mundo, ¿con qué propósito lo haríamos?

Yo no te voy a decir que ya no te juntes con tus parientes, que ya no te juntes con tu familiar, que ya no andes con tu papá y ya no vayas a la escuela ni al trabajo porque es del mundo. Si nos escondemos del mundo, ¿qué va a ser del mundo? Jesús lo dijo claramente:

"Id por todo el mundo y predicad el evangelio a toda criatura". Marcos 16.15

¿A dónde hay que ir? A todo el mundo, y ¿qué hacemos nosotros? Nos escondemos, hacemos nuestro propio club de bendiciones, nos protegemos a nosotros mismos, ¿y el mundo? ¿De qué sirve la luz que hay en nosotros si no alumbramos al mundo? No te estoy diciendo que participes de todas las cosas que hacen ellos, que sabemos que están equivocadas, si no que debemos vivir entre ellos y debemos alumbrar al mundo. Porque si no somos nosotros, ¿quién lo va a alumbrar?

Todas las demás religiones no tienen esa luz, están apagadas, solo tú tienes esa luz pues lo dijo el Señor. Si nos escondemos y recluimos dejamos al mundo sin luz. Cuando no le hablamos a otros del Señor, cuando los otros no saben que eres cristiano ni que hay luz en ti, eso minimiza y hace desaparecer el propósito de Dios para tu vida. Jamás fue la intención de Dios que la Iglesia se separe o se esconda del mundo, sino que brille en medio de ellos. No te estoy diciendo que vayas al boliche a brillar, ni que te vayas a emborrachar con otros para brillar, no estoy diciendo esas tonterías. Pablo nos ayuda a entender cómo se hace esto, en Romanos 14:17:

"Porque el reino de Dios no es comida ni bebida, sino justicia, paz y gozo en el Espíritu Santo".

De acuerdo a lo que acabamos de leer, ¿qué es el reino de Dios? La biblia dice que el reino de Dios es justicia, paz y gozo en el Espíritu Santo, y eso tiene que gobernar nuestras vidas. ¿Cómo brillamos? Lo conseguimos cada vez que hacemos lo justo y lo correcto, lo logramos cada vez que decides en tu interior diciendo: "no voy a hacer esto, no voy a participar en aquello". Tú sabes lo que es correcto y lo que no, lo que es bueno y lo que no.

¿Qué más tiene que reinar en nuestra vida? Paz, esa verdadera paz que solo Dios nos puede dar. Una paz que diga "no me voy a preocupar, yo sé que Dios tiene poder para cambiar la situación que estoy viviendo y convertirla en bendición". La paz que sólo Dios nos puede dar es una profunda quietud interna en nuestro espíritu aún en medio de situaciones conflictivas. Si hay contradicciones, y si hay críticas, no importa, estamos en paz.

"Estas cosas os he hablado para que en mí tengáis paz. En el mundo tendréis aflicción; pero confiad, yo he vencido al mundo". Juan 16: 33

Si hay algo que tiene que gobernar nuestras vidas no solo es la justicia, sino la paz del Señor. Cuando estás preocupado, cuando tienes los nervios de punta y no puedes dormir en la noche es porque no tienes paz en el Señor.

Pero hoy mismo te puedes llevar una revelación de Dios para tu vida y es ésta, dice Jesús: *"Estas cosas os he hablado para que en mí tengáis paz, en el sistema del mundo van a tener aflicción, porque vivimos en este sistema, pero confiad",* dice el Señor, "yo he vencido al sistema. Estas cosas las digo para que tengan paz".

Puedo estar siendo acusado de mil cosas, puedo estar con miles de deudas, pero puedo resolver cada una de estas preocupaciones en la paz que Él me da, con esa quietud profunda en mi espíritu.

Es tan fácil preocuparnos, angustiarnos y desesperarnos. De esta manera dejamos que entre el temor, la angustia y todos esos demonios para atormentarnos cuando algo sale mal. En vez de eso deberíamos revisar nuestra actitud y preguntarnos: "¿qué querrá el Señor enseñarme con esto?" Te recuerdo que Dios es luz y no sólo eso, sino que tiene un plan eterno para cada uno de nosotros. El Señor siempre va a hacer que su luz brille en medio de tus tinieblas, el Señor siempre va a hacer que esa luz brille y se propague, porque cuando enciendes la luz las tinieblas desaparecen.

El plan del diablo siempre será disminuir la obra de Dios en tu vida, y ha logrado hacer esto con la raza humana a través de los años para que vivan en tinieblas en vez de vivir en la luz. Tú y yo se supone que estamos viviendo en la luz del Señor.

Mira lo que dice el siguiente pasaje:

"Y la paz de Dios, que sobrepasa todo entendimiento, guardará vuestros corazones y vuestros pensamientos en Cristo Jesús".

Filipenses 4:7

Mira para qué me sirve la paz del Señor. Primero que todo, esta paz sobrepasa el entendimiento humano. Pero la realidad es que no puedo tener paz en medio de deudas, no puedo tener paz cuando viene el doctor y me dice "parece que usted tiene leucemia y le quedan 3 semanas de vida". De acuerdo a mi mente no puedo tener paz cuando vienen a decirme "le vamos a embargar la casa". No puedo tener paz cuando me dicen "a tu hijo le pasó no se qué cosa y está grave", pero la paz del Señor sobrepasa todo entendimiento, y esa paz guardará vuestros corazones y pensamientos.

Entonces ¿qué es la paz de Dios? Es un guardia, es un guerrero armado hasta los dientes que me cuida de angustias, de temor, de desesperación, de taquicardias y de toda la porquería que hay en este mundo. Esta paz que la gente de este mundo no alcanza a comprender, protege el corazón y el entendimiento de los que ya son de Cristo. La paz es la que guarda mi corazón, es mi protectora, y esto quiere decir que el enemigo tendrá que pelear contra el guarda armado que está en la puerta de mi vida antes de que pueda entrar y destruirme.

La paz del Señor guarda tu corazón. Cada vez que el diablo quiera entrar en tu vida va a tener que pelear contra ese guarda que se llama la paz de Dios. Y si tú cedes, él te gana, pero si tú no cedes no solo que no te va a ganar, sino que vas a salir adelante en cada ocasión. Así que recuerda que antes de que te pueda tocar, Satanás tiene que derrotar a tu guardia. La paz que guarda a Dios es la misma paz que guarda mi vida. Jesús dijo: *"Mi paz os doy, mi paz os dejo"*. Él estaba diciendo: "mi guardia te doy, mi guardia te dejo."

¿Alguna vez viste a Jesús nervioso cuando lees los evangelios? ¿Acaso viste a Jehová de los ejércitos temblar ante alguna circunstancia? ¿Hay algún versículo en que Dios diga "y si el diablo se vuelve a meter al cielo y produce otra revolución"? ¿Alguna vez viste a Dios morderse las uñas de los nervios? No hay lugar para nerviosismo, ¡no hay lugar para preocupaciones!

La misma paz que guarda a Dios es la misma paz que me guarda a mí, y esto es algo que el mundo no conoce. Recuerdo que me decía mi papá: cómo puedes estar en paz si estás dejando la escuela, el trabajo, ¡todo para ir a leer ese libro!

Es que la biblia dice lo siguiente:

"La paz os dejo, mi paz os doy; yo no os la doy como el mundo la da. No se turbe vuestro corazón, ni tengan miedo". Juan 14:27

Mi guardia te dejo, dice el Señor, para que no permita ninguna de estas cosas: turbación, miedo, angustia ni desesperación. Ninguna de estas cosas puede derrotar al guardia de Dios que hay en ti. Creo que como hombres hemos fallado en entender a Jesús ¿y sabes por qué? Porque la luz que había en nosotros en realidad eran puras tinieblas y no había ninguna luz. ¿Cuántas veces acusaron a Jesucristo? Veamos lo que dice en el libro de Mateo:

"Vino el Hijo del Hombre, que come y bebe, y dicen: He aquí un hombre comilón, y bebedor de vino, amigo de publicanos y de pecadores. Pero la sabiduría es justificada por sus hijos.

Entonces comenzó a reconvenir a las ciudades en las cuales había hecho muchos de sus milagros, porque no se habían arrepentido, diciendo:

¡Ay de ti, Corazín! ¡Ay de ti, Betsaida! Porque si en Tiro y en Sidón se hubieran hecho los milagros que han sido hechos en vosotras, tiempo a que se hubieran arrepentido en cilicio y en ceniza.

Por tanto os digo que en el día del juicio, será más tolerable el castigo para Tiro y para Sidón, que para vosotras.

Y tú, Capernaum, que eres levantada hasta el cielo, hasta el Hades serás abatida; porque si en Sodoma se hubieran hecho los milagros que han sido hechos en ti, habría permanecido hasta el día de hoy.

Por tanto os digo que en el día del juicio, será más tolerable el castigo para la tierra de Sodoma, que para ti". Mateo 11:19-24

Jesús siempre entraba a la casa de los pecadores para comer con ellos. Él iba no a emborracharse, sino a comer y a beber como lo hacemos todos. La cosa es que en todas estas ciudades lo habían rechazado, lo habían criticado y lo habían señalado. Pero en el versículo 25 mira cómo respondió Jesús a las críticas de los demás:

"Respondiendo Jesús, dijo: Te alabo, Padre, Señor del cielo y de la tierra, porque escondiste estas cosas de los sabios y de los entendidos, y las revelaste a los niños".

No sé en qué situación estés hoy, pero levanta tu voz y di: Te alabo Padre. Esa fue la respuesta de Jesús a la crítica. Al Señor nada lo movía, nada lo preocupaba, nunca lo vimos afanado, transpirando de preocupación y pensando "¿y ahora qué hago? ¿Y ahora qué va a suceder?" En su espíritu siempre gobernó la paz de Dios, ¿podrá gobernar la paz de Dios nuestros corazones?

A estas alturas tal vez me digas: "Ay hermano, qué difícil me la está poniendo", y entonces ¿para qué nos dio el Señor ese guardia? ¿Qué estamos haciendo con la paz de Dios?

La noche anterior a que se desatara el infierno contra el Señor Jesús vino uno y lo negó, vino otro y lo vendió, y todavía vino uno más que sacó la espada y le cortó la oreja a uno de los soldados. Los amigos de Jesús se fueron, todos lo abandonaron. Los guardias en el huerto de Getsemaní dijeron ¡estamos buscando a Jesús! Y él no trató de esconderse, sino que salió de en medio de todos y dijo "yo soy". Esto demuestra una seguridad absoluta.

Por eso Pablo en Filipenses dice que la paz de Dios sobrepasa todo entendimiento, porque el mundo no puede entender por qué no estás nervioso. El mundo no puede entender tu proceder, porque es la paz de Dios que gobierna tu corazón. Volvamos al versículo en el evangelio de Juan:

"Estas cosas os he hablado para que en mí tengáis paz. En el mundo tendréis aflicción; pero confiad, yo he vencido al mundo". Juan 16: 33

¿Qué está haciendo Jesús? Está trazando un contraste tremendo, una línea divisoria entre el mundo y tú, está diciendo que hay una diferencia que nos aparta de todo el mundo y ésa es la paz. Jesús está diciendo: "en este sistema en el que ustedes están viviendo siempre va a haber conflictos, va a haber guerras, y cada día surgirá algo nuevo de qué preocuparse, pero en mi tendrán paz".

¿Qué ha hecho el Señor? Nos ha puesto en el mundo, donde verdaderamente tenemos que estar, y donde constantemente debemos lidiar con todo tipo de aflicción, de presión, reclamos, calamidades y tantas cosas, pero estamos manteniéndonos del lado del Señor Jesucristo y así estamos en paz en medio de toda esta locura.

En el reino de los cielos están preocupados por 3 cosas: que haya justicia, que haya paz y que haya gozo. Ahora bien, quiero hacerte una pregunta: En la iglesia del Señor, en la cual estás hace tantos años, ¿has visto justicia, paz y gozo o has visto en su lugar todo lo contrario?

Esta revelación tiene que venir a nuestra vida hoy, quitarnos el velo y que podamos decir "voy a vivir en justicia, voy a empezar a hacer lo correcto todos los días de mi vida, voy a empezar a vivir con este guardia que me cuide y que proteja mi corazón para empezar a disfrutar la vida, voy a empezar a sonreír y dejar de escuchar esas noticias en la televisión que a diario me roban la paz". La justicia, la paz y el gozo del Señor deben gobernar nuestras vidas.

¿Te das cuenta lo privilegiado que somos de haber permitido que Dios venga a nuestra vida para revelarse a sí mismo y para que nos inunde con justicia, paz y gozo?

¿Qué es la iglesia? ¿Qué somos nosotros? ¿Somos acaso un grupito que formamos el club de las bendiciones? ¿Somos acaso simples fanáticos? ¿Qué somos? ¡La iglesia es la sucesora del Señor Jesús en este planeta! No somos cualquier cosa, no somos religiosos, no somos una secta, somos los sucesores del Señor Jesucristo. Somos un asentamiento humano puesto por Dios en medio del territorio invadido por Satanás.

La iglesia es una colonia del cielo en la tierra, estamos puestos aquí para recuperar el territorio perdido. Satanás es un ilegal, un pobre ángel caído, rebelde, es un invasor, y nosotros tenemos la tarea de recuperar todo lugar que pise la planta de nuestros pies. Y déjame decirte que Satanás es impotente contra nosotros, no nos puede detener. ¿Cuántos hombres han dicho de parte del diablo que la iglesia en 100 años no va a existir y que la biblia va a desaparecer? Esto no solo que no ha sucedido, sino que cada día la Iglesia va fortaleciéndose, ganando territorio y arrebatando las almas humanas en el nombre de Jesucristo. Veamos ahora el siguiente pasaje:

"Haced todo sin murmuraciones y contiendas, para que seáis irreprensibles y sencillos, hijos de Dios sin mancha en medio de una generación maligna y perversa, en medio de la cual resplandecéis como luminares en el mundo". Filipenses 2:14-15

Aquí básicamente nos está diciendo: "dejen de pelearse". También nos indica que nos tenemos que meter al mundo a brillar. Dice que estamos no fuera, sino en medio de una generación maligna. Así que el llamado no es para que brillemos en la luna ni en un monasterio.

Entonces, ¿Para qué estás en este mundo? Para brillar, para mostrarle a todos la luz que hay en ti, para que todo hombre la vea. Por un lado el Señor está desafiando la rebelión de Satanás, y por otro lado está mostrándoles lo vacía que es esta vida sin Él. Tu vida tiene que mostrar eso, debe mostrarle a todo el mundo que sus vidas están vacías y la tuya está llena. Hay que proclamar las buenas noticias para ver si se vuelven a la luz, porque si se vuelven a la luz van a ser libres de las tinieblas que hay en este mundo.

¡Por eso mismo Satanás te odia! No hay a nadie a quien el diablo odie más que a ti, que formas parte de la Iglesia del Señor. Satanás nos aborrece y no nos soporta, porque cada día le robamos todos sus prisioneros. A él le encantaría apagarnos y le gustaría dividirnos. Pero yo no lo voy a dejar, no me va a dividir, no dejes que te divida. Tú y yo somos una espina para el diablo, una espina encajada, una fuerte irritación y una fuente de molestia para él.

Mira la orden de Jesús a sus discípulos, a Su Iglesia:

"Y les dijo: Id por todo el mundo y predicad el evangelio a toda criatura". Marcos 16:15

Este es nuestro privilegio, es nuestro deber. Jesús no dijo "sálganse del mundo", sino todo lo contrario: ¡dijo id a todo el mundo! El mundo es nuestro campo de trabajo, en la ruta, en el supermercado, en la fábrica, en la cocina, en el geriátrico, en la universidad: Dios nos pone ahí para que brillemos.

"La luz en las tinieblas resplandece, y las tinieblas no prevalecieron contra ella". Juan 1:5

Ahí está la buena noticia: por más tinieblas que haya, lo único que tienes que hacer es brillar. Justicia, paz, gozo del Espíritu Santo. Cuando tú te relacionas con el Señor Jesús tus victorias siempre van a estar aseguradas. Recuerda que Él dijo "confiad, yo he vencido al mundo".

"No hablaré ya mucho con vosotros; porque viene el príncipe de este mundo, y él nada tiene en mí". Juan 14:30

El Señor afirma que el diablo no tiene ningún pensamiento, ni sentimiento, ni tampoco ninguna emoción en él. Pero déjame preguntarte el día de hoy: ¿qué tiene el diablo en ti? ¿Qué parte de tu vida ha invadido? ¿Tus emociones, tus sentimientos, tus pensamientos, tu alma, tus necesidades? ¿Qué cosa? Si hay algo, entonces ¡eso se lo tenemos que arrebatar!

Jesús dijo que las obras que Él hizo las haríamos nosotros y aun mayores. Esta es la primera vez que alguien dice algo así desde Adán y Eva, y porque Él lo dijo nosotros podemos llegar a atrevernos a decirlo también. Ese diablo no tiene nada en mi, porque lo que es nacido de Dios vence al mundo.

"En esto se ha perfeccionado el amor en nosotros, para que tengamos confianza en el día del juicio; pues como él es, así somos nosotros en este mundo". 1 Juan 4:17

Somos la luz de este mundo, y el diablo no tiene nada en nosotros. ¿Cómo podemos entonces glorificar a Dios? No saliéndonos del mundo sino brillando su luz en este mundo. Tú no vas a ir al cielo a glorificar a Dios, vas a ir a adorar a Dios. El lugar para glorificar a Dios es aquí en la tierra. Deja que la paz del Señor gobierne tu corazón.

¿Qué te parece si empezamos de nuevo, de cero? Hagamos como si fuera la primera vez que escuchamos la palabra de Dios, verdaderamente le permitamos a Él entrar y gobernar nuestra vida entera. Que a partir de hoy el diablo no tenga nada de mí ni tampoco de ti, sino al contrario, le rindamos nuestra vida entera al Señor. Que en este día puedas decir: A partir de hoy voy a ser la luz de este mundo y la sal de la tierra, voy a dejar que el Señor brille a través de mi vida, en cualquier ámbito en el que esté y en cualquier lugar donde haya seres humanos. Voy a representar a la Iglesia de Jesucristo sabiendo que las tinieblas no van a prevalecer contra ella.

Haz conmigo esta oración: Señor, quiero pedirte que me perdones todos mis pecados, quiero pedirte que entres y recuperes todas las áreas y todos los rincones de mi vida. El día de hoy contigo a mi lado venzo al enemigo de mi alma, a Satanás, y le arrebatamos todos los territorios que le he rendido. Señor, enciéndeme con tu luz y que todas las tinieblas que hay en mi sean esparcidas, límpiame con tu sangre preciosa y lávame con tu palabra. Hoy declaro y confieso con mi boca que Jesús es mi Señor y salvador, creo en mi corazón que Dios Padre lo levantó de entre los muertos y el día de hoy está sentado a la diestra del Padre, y está sentado en el trono de mi vida para gloria de Dios. Hazme una nueva criatura, inyecta en mi tu naturaleza divina, derrota mi naturaleza caída, Señor, que la ley del Espíritu de vida en Cristo Jesús gobierne y venza a la ley del pecado y de la muerte. Te pido señor que tu paz descienda sobre mi y guarde mi corazón y mis pensamientos. En el nombre de Jesús, amén.

A partir de hoy sabes que has nacido de nuevo y tienes una nueva naturaleza, tienes un guarda en tu corazón que guarda tu mente y todos tus pensamientos.

Acerca del autor

Nació en la ciudad de México en el año 1953. A los 20 años recibió a Jesucristo como su Señor y Salvador y desde entonces le ha dedicado su vida enteramente.

Ingresó al Instituto Bíblico Cristo para las Naciones en la ciudad de Dallas, Texas y allí descubrió la importancia de la alabanza, la adoración, la grandeza de Dios y el valor de nuestras almas.

Desde que se graduó, ha sido pastor en la Ciudad de México por 4 años y 7 años en Baja California. Junto a Marcos Witt y Chuy Olivares provocaron una reforma de la Alabanza y de la Adoración en toda Latinoamérica.

Dirigió el Instituto Bíblico "Cristo para las Naciones" en la ciudad de Córdoba, Argentina, durante 15 años. Ha recorrido los 5 continentes predicando la Palabra de Dios y actualmente es pastor de la Iglesia "Amistad de Córdoba" en Argentina.

Estimado Lector

Nos interesa mucho sus comentarios y opiniones sobre esta obra. Por favor ayúdenos comentando sobre este libro. Puede hacerlo dejando una reseña en la tienda donde lo ha adquirido.

Puede también escribirnos por correo electrónico a la dirección info@editorialimagen.com

Si desea más libros como éste puedes visitar el sitio de **Editorialimagen.com** para ver los nuevos títulos disponibles y aprovechar los descuentos y precios especiales que publicamos cada semana.

Allí mismo puede contactarnos directamente si tiene dudas, preguntas o cualquier sugerencia. ¡Esperamos saber de usted!

Más libros de interés

Dios está en Control - Descubre cómo librarte de tus temores y disfrutar la paz de Dios

En este libro, el pastor Jorge Lozano, quien nació en México y vive en Argentina desde hace más de 20 años, nos enseña cómo librarnos de los temores para que podamos experimentar la paz de Dios.

La Ley Dietética - La clave de Dios para la salud y la felicidad

Es hora de que rompamos la miserable barrera nutricional y empecemos a disfrutar de la buena salud y el bienestar que Dios quiere que tengamos. Al leer este libro descubrirás los fundamentos para edificar un cuerpo fuerte y sano que dure mucho tiempo, para que disfrutes la vida y para que sirvas al Señor y a su pueblo por muchos años.

Gracia para Vivir - Descubre cómo vivir la vida cristiana y ser parte de los planes de Dios

Martin Field, teólogo del Moore Theological College en Sidney, Australia, nos comparte en este libro sobre la gracia que proviene de Dios. La misma gracia que trae salvación también nos enseña cómo vivir mientras esperamos la venida de Jesús.

El Poder Espiritual de las Siete Fiestas de Dios - Descubre la relevancia que estas celebraciones tienen para el cristiano y los eventos futuros.

La perspectiva espiritual se agudiza llevándonos a comprender que los designios de Dios, muchas veces, son más complejos que lo que aparentan ser a primera vista. Esto es lo que podemos ver en las fiestas que Él dio al pueblo de Israel en el tiempo de Moisés. Cada una de las fiestas tiene un significado y un propósito más allá de ser una simple celebración.

Perlas de Gran Precio - Descubriendo verdades escondidas de la Palabra de Dios

Una perla que se produce en el mar tiene un valor muy alto. El proceso comienza es un diminuto grano de arena y con el tiempo se convierte en algo muy bello que muchos buscan y codician. Este proceso ha llevado su tiempo – ¡puede ser hasta 10 años! Por esa razón una perla genuina es un objeto muy costoso y encontrarla es un verdadero triunfo.

Vida Cristiana Victoriosa - Fortalece tu fe para caminar más cerca de Dios

En este libro descubrirás cómo vivir la vida victoriosa, Cómo ser amigo de Dios y ganarse Su favor, Lo que hace la diferencia, Cómo te ve Dios, Cómo ser un guerrero de Dios, La grandeza de nuestro Dios, La verdadera adoración, Cómo vencer la tentación y Por qué Dios permite el sufrimiento, entre muchos otros temas.

CPSIA information can be obtained
at www.ICGtesting.com
Printed in the USA
LVOW04s1004091116
512196LV00035B/481/P